ビジネスは「私の履歴書」が教えてくれた

「日経」連載の経済人295人を中心に

吉田勝昭

中央公論事業出版

ビジネスは「私の履歴書」が教えてくれた■目次

ビジネスは「私の履歴書」が教えてくれた

プロローグ　ビジネスは「私の履歴書」が教えてくれた

●「私の履歴書」との出会い

「日本経済新聞」の朝刊最終面の文化欄に「私の履歴書」はあります。政治、経済、文化、学術、芸能、スポーツなど各界のリーダーたちが、ひと月単位で自伝を語っているコラムです。

私はこの「私の履歴書」を入社2年目の昭和42年（1967）から読み始め、仕事や生き方についてたくさんのことを学ばせていただきました。製薬企業の医薬情報担当者（MR）として入社した1年目は仕事の内容を覚えるのに忙しく、とても読む気持ちになれなかったのです。

仕事に慣れるにつれ、このコラムに書かれていることが仕事にも影響を与えるようになってきました。印象深かったものを挙げると、

・西岡常一（宮大工棟梁）……祖父から「宮大工になるには工業高校より農業高校に行け。人間、木、草も土から育つので、土を学んで木を知れ。一つの山の木で一つの堂、塔を造るべし。千木は生える場所によって癖を持つため、山の東向きの木は建物の東に位置せよ。そうすれば、千

年の樹齢のヒノキは千年、杉は700～800年、松は450～500年の寿命を持つ」と教えられた。

・秋山庄太郎（写真家）……スター女優は自分のチャームポイントに固執する。たとえば、高峰三枝子も木暮実千代もそれが左顔であるため、2人の対話シーンでは監督が気を利かせて、両者の面子を立て交互に左横顔撮影を行なう。また、新珠三千代は、角度により理知的な顔と情緒的な顔をもつため、監督は場面により使い分けるなど、未知の世界の話にビックリし、興味も深まったのでした。

経済人では、三島海雲（カルピス社長）が僧籍の身でありながら中国大陸で馬賊相手に商売を行なったり、久保田豊（日本工営社長）が東南アジアの大河川に巨大なダムを次々に築き上げていくスケールの大きさとそのロマンに驚嘆の声を上げたものです。

特に木下又三郎（本州製紙社長）の場合は、57歳で樺太の王子製紙総支配人のとき、敗戦のため一雑役夫としてシベリアに抑留され、4年3か月、極寒地での同胞の死体運搬、糞尿処理など苦渋の重労働を課せられたのち帰国。舞鶴に出迎えた奥様に留守中の感謝の気持ちをうまく表現できず、「長い間、どうもありがとうございました」だけしか言えなかった。奥様はただただ涙するばかりだったと書いていますが、この箇所を読んだときは、両者の心中を思いやり、私ももらい泣きしてしまいました。

このように、興味深い内容をこのコラムで多く発見し、ビジネスのヒントに、また人生の指針にすることができたのです。

●「私の履歴書」の魅力

「私の履歴書」の魅力は、執筆者本人にしか語れない、生きた教訓や助言を惜しげもなく披露してくれているところにあります。その魅力は、大きく5つに分けられるでしょう。

1　ビジネスのヒント（仕事のやり方、取り組み方、経営の極意など）になる。

若い時代にはよくある失敗や不遇時代の対処法、人間関係のあり方、仕事への心構えなどが書かれ、人材育成やそのポイント、経営者には経営の原点や優先順位などをていねいに話してくれています。これらの記述は、私の会社人生で大変参考になりました。

2　人生のヒント（人との接し方、健康問題、生き方など）になる。

自分一人では大きな仕事はできない。尊敬する人や有力者などの引き立てや支援により世界が拡がり、違った展開となります。「人間関係を大切にしなさい」「人間は誠実と信用」などの言葉は、私にとって人生の羅針盤や座右の銘となりました。

3　大震災など未経験の世界を知ることができる。

震度6強の関東大震災では、三越本店内で陳列物の崩落による圧死寸前の危機、帝国ホテルでは厨房内の引火危機一髪のドラマ、街頭では国鉄（現：JR）有楽町駅とその周辺が激震で大混乱した現場の様子が生々しく描写されています。

今回の東日本大震災では東京の一部は震度5強でしたので、この経験をされた読者にはその恐怖感が理解できると思います。今回よりももう一段高い震度7（阪神・淡路大震災と同じ）の大地震が来た場合に「自分はどうするか」、近未来の身近な対応策にもなります。

4　執筆者の生い立ちと家庭環境がわかる。

幼年時代、吃音に劣等感をもっていたジャック・ウェルチ（GE前会長）は、母親が「あなたは頭がよいから、口よりも頭の回転が速いのでそうなるのよ」と自信と自負をもたせてくれたことが、後年の人格形成に役立ったという本人の述懐があります。

また、柏木雄介（東京銀行会長）は12歳まで外国で生活したため、母国語は英語となり、帰国子女として学校に行くと日本語授業についていけません。そのため母親は、彼が風呂に入っているときでも、脱衣場から教育勅語などを読み聞かせ、復唱させて頭に叩き込ませてくれたといいます。永野重雄（新日鐵会長）は、父親が亡くなると母親が学校の教室の後ろで授業を見守ってくれたことが無言の励ましとなったと書いており、母親たちの子供たちへの教育熱心さが伝わります。

5　知識と話題が豊富になる。

長嶋茂雄、稲尾和久、野村克也の3人が、それぞれに相手のスーパースターの特徴と攻略方法を書いています。長嶋選手の動物的なバッティングセンス、稲尾投手の正確無比な投球術と強靭なバネの理由、野村捕手のバッターボックス内での打者に対する「魔の囁き心理作戦」などです。

双葉山、栃錦、若乃花、大鵬など大横綱の下積み時代の猛練習や、栃・若時代の全勝優勝同士の大一番と友情などが両者の口から語られています。

また、映画監督では木下恵介、市川崑、新藤兼人、山田洋次、篠田正浩らが映画に賭ける思い、名監督の癖や特徴、俳優や女優との興味深いエピソードなどを証言してくれています。

俳優では長谷川一夫、森繁久彌、市川右太衛門、笠智衆、仲代達矢、加山雄三らが登場します。仲代は舞台俳優と映画俳優では演劇論(殺陣《たて》の仕方など)で解釈の違いがあり、大先輩の三船敏郎、中村錦之助と大喧嘩したと書いています。

女優では山本富士子、ミヤコ蝶々、山口淑子、宮城まり子、森光子、有馬稲子らが、波瀾万丈の人生や芸への執念、監督や演出家に育てられる経緯などを語っています。

作曲家では山田耕筰、古賀政男、服部良一、吉田正のほか最近では船村徹や遠藤実がいますが、歌詞のモチーフ、歌手のモチーフに合せて作曲する苦労、作詞家、歌手との運命的な出会いなどが語られています。

このほかにも、歌舞伎や落語、囲碁・将棋などの名人の芸や技術、ノウハウと一緒に秘話なども披露してくれていますから、話題が豊富になります。

私が若手社員だったころ、地方勤務で「私の履歴書」に登場したその地方の人を話題にして商談するとその場が和やかになり、仕事がうまく運んだ経験がずいぶんあります。

東京の本社勤務になると、面識のない異業種の人たちとの交流が多くなりましたが、その会社や団体の「私の履歴書」登場人物の話題で場が盛り上がり、交友が深まったこともたくさんありました。

「私の履歴書」は、それだけ多くの人たちから愛読されているのです。

２００６年9月に日本経済新聞社が紙面全体の「コラム」を対象に読者アンケートを採ったところ、１位は「私の履歴書」で84・５％、２位は「春秋」で82・２％、３位は「社説」の79・６％、４位が「交遊抄」の74・５％だったということで、「私の履歴書」はナンバーワン・コラムでした。

現在の発行部数が３００万部とすれば、毎日２５０万人以上の読者がいる超人気のコラムといえます。したがって、これをビジネスパーソンの共通話題として活用できるでしょう。

●「私の履歴書」から学んだこと

私は社会人になって40余年、日々「私の履歴書」を仕事や人生の教科書として愛読し、役立ててきました。

特にビジネス上では、若い時代、仕事がうまくいかない原因を他人のせいにしていたとき、村田昭（村田製作所）の、「自分本位の心の持ち方から、相手の立場でものを考え、自分の落ち度や弱点を改める心の持ち方に変えた」という記述は、私の仕事上の「重大な気づき」となり、自分を成長させる原点になりました。

また、失敗したり不本意に左遷され、悶々とした日々を送っていたとき、八尋俊邦（三井物産）などが本人の大失敗を例に挙げて、「腐らずにやっておれば必ずチャンスはやって来る」と書いていたのを読んで、私も捲土重来を期す気持ちになれ、立ち直れたのでした。

いやな上司や得意先幹部との人間関係に悩んだときも、「私の履歴書」が助けてくれました。松田伊三雄（三越）の「相手の気持ちで」接することで、友好な人間関係を築けるようになったのはありがたいことでした。

管理職時代には、問題解決のヒントとして、人材育成のための対話項目やその教育のポイントなど即戦的な助言もあり、これらを参考に仕事に取り組むことで、成果をずいぶん上げることができました。

そして経営者になって、経営を体系的にとらえる必要性を自覚したことから、中小企業診断士の資格を取得し、知識と体験を一体化させることもできました。この観点から「私の履歴書」を見ると、経営者には経営の原点である心構えや資質、経営の優先順位、事業選別の有無、後継者問題など、取り組む課題が山積しており、ここにある具体的解決法の例示が、私には担当役員として自社グループ企業の経営や事業再編に役立ったのでした。

特に、経営の優先順位では、一時期の風潮として、株主第一主義が標榜され、経営者は短期的な業績向上と株主への利益配分に奔走していました。しかし、そんな社会現象の中でも、ジョンソン・エンド・ジョンソン社や伊藤雅俊（イトーヨーカ堂）は「経営における優先順位は、損益計算書の順である」と主張していました。つまり、①売上高の顧客、②人件費の社員、③税金の社会還元、そして④配当金である株主の順という、「顧客第一主義」の明確な考えを指摘され、目からウロコの感じがしました。

また、仕事や経営以外の人生においても、執筆者が幼児教育のあり方や健康法など、万人が興味をもつテーマを採り上げ、例示してくれています。特に健康は、多くの人が50、60歳までは健康ですが、問題はそれから先の10年、20年で、よほど健康管理をうまくやらないと、長生きは難しいといわれています。

日光浴、散歩、食餌療法、朝風呂、体重管理など、登場する執筆者が20年以上続けて「間違いない」と推奨する健康管理法を具体的に教えてくれていますので、私もこれらの多くを採りいれて健康を維持しています。

これらが「私の履歴書」から私が学んだ、大きな利点だと思っております。

●本書で私が伝えたいこと

「私の履歴書」に登場する明治・大正・昭和のすぐれた経営者が、幾多の経営上の難問に真摯に向かい、そこから仕事や経営などの悩みを粘り強く、一つひとつ解決していく――。

この姿を見たとき、経営者たちの難問解決への知恵と才覚を生きた教材にすれば、社員や息子に必ず役立つと気づきました。

そこで、読み始めて20年目から5年目ごとに、「私の履歴書」とその執筆者を整理・分類して社内報に寄稿し、それをコピーして先輩・友人・知人に送付したところ、多くの助言や励ましの言葉をいただきました。

「仕事のヒントを集めろ」「成功事例ばかりでなく、失敗事例も集めろ」「失敗の教訓例を集めろ」「両親の教育法を調べろ」「健康の秘訣があるはずだ」「引退後の生き方は」などの助言のほか、「私の履歴書」担当記者や、執筆者の秘書などの関係者からは「紙面に出てくるエピソードの背景は実はこうだった」など、いろいろな話を聴かせていただきました。

これらの助言や関係資料を、読者のニーズに応じて役立つように分類したのが本書の特徴です。

第一章「仕事のヒント」では、ビジネスパーソンがよく遭遇するテーマを取り上げています。仕事全般では、失敗への対処や不遇時代の克服、人間関係のあり方、仕事の心構えなどです。職場単位では営業、生産、研究開発、事務管理部門などに分け、それぞれの職場が抱えている課題を抽出し、解決策を提示しています。

第二章「経営のヒント」では、経営者として経営の原点、優先順位、経営者資質などの認識、そして事業選別や後継者選考の具体的な方法など、ステージ単位で重要な経営課題を抽出し、例示しています。

ここではジャック・ウェルチ（GE）、ボブ・ガルビン（モトローラ）などから、ドラスティックな欧米式経営の紹介を、椎名武雄（日本IBM）や八城政基（シティバンク）から、欧米と日本式経営の違いも対比理解することができます。

第三章「人生のヒント」では、家庭教育や健康問題、お金を味方にする方法、大震災の対応などを採り上げ、トップ経営者の人生の生き方、取り組み方を紹介しています。

第一章から第三章まで、執筆経営者が「問題をどうとらえ、どのように対処したか」を、私の体験を踏まえて評価し、読者に伝わりやすいようにまとめています。そのため、本文中には、登場する経営者自身の文章を、できるだけ生の形で長く引用させていただいていますので、ご了承ください。

第四章「執筆者分類」では、現在（平成23年3月）まで執筆した経済人（295名）の全員を対象に、出身地、出身校などいろいろな角度から分類を試みました。この分類一覧から、意外な事実を発見することができます。

執筆者の思わぬ出身地、出身校、入社歴を知ることができます。加えて、執筆者の恩師や縁戚関係など、興味ある側面も多く知ることができます。また、政治家や芸術家など経済人以外の執筆者（476名）の分類も行ない、その分野では過去に誰が登場しているのか、どの順番で登場したかがわかる一覧表になっています。

第五章「過去の連載を読みたいとき」では、読者が本書で興味をもち、再読したいと思われた執筆者を「どのように探し出すか」の方法を、いろいろな場面を想定して説明しています。

そして最後に、現在までの執筆者（経済人）の掲載年、掲載期間、執筆時年齢、出生地、生誕年を一覧表にしています。

全登場人物は、平成23年（２０１１）３月末で７３８名になりますが、登場人物は経済界だけでなく政治、学術、芸術、スポーツなど各界のリーダーであり、知識や経験が豊富であるため、後世に伝えたい出来事や経験などを懇切丁寧に披露してくれています。

ですから、自分なりのテーマや興味をもって読むと大変面白く、参考になります。

特にこのリーダーたちが郷土の誇りの人であったり、親戚や知人、学校の先輩の場合などは、楽しみが倍加します。

「私の履歴書」は他人の人生を綴ったものであるにもかかわらず、常に読者自身の人生を見つめ直す契機となります。

本書の出版が、若いビジネスパーソンのお役に立ち、また、「私の履歴書」愛読者の共感をいただけるならば、望外の喜びとするところです。

また、「私の履歴書」から文章を引用させていただいたご登場者の方々には、篤く御礼申し上げるとともに、同欄利用につき相談に応じて下さった日本経済新聞社のご担当者に深く感謝申し上げます。

なお、登場人物の（　）内の肩書きは掲載時のものとしました。また、執筆者に対して敬称を略させていただいたことをご了承願います。

第一章　仕事のヒント

1　失敗から得られる教訓

若いときは、誰しも失敗をしがちです。

会社でも上司から、若いときは「失敗を恐れるな、失敗をすることで経験が積まれ、人間が大きくなる」と教えられます。

「若気の至り」で図に乗って大失敗を経験したのちのビジネスマンの人生は、次の２つに分かれます。

１　上司や同僚の助言や激励で発奮・努力し、それを切り抜け大成する。

２　失敗を機に萎縮し、守りの姿勢に転じる。

会社での私の最初の失敗は、営業時の交通事故でした。

新入社員だった昭和41年（１９６６）、当時、それほど普及していなかった自動車を使っての営業を任された私は、張りきって営業活動に励みました。ところが免許取りたての初心者ですから、毎月のように追突、接触、脱輪などの事故を起こします。

その原因について、報告書には「相手方の不注意」「雨で見通しが悪かった」「道路が整備されていなかった」などと平気で書いていました。

しかし、事故による被害者への入院見舞いやお詫び、警察への出頭などの際、上司や女性事務員が私の代わりに頭を下げて詫びている姿を見たとき、「事故の発生原因は他人ではなく自分にある」と気づき、「もう事故は起こすまい」と心に誓ったのです。

それ以後、車間距離を十分とるなど気をつけて運転したため、車の事故はなくなりました。

私とは比べるべくもありませんが、「私の履歴書」に登場する執筆者たちの多くも、大失敗の経験を語っています。失敗を、①どのように考え、②どのように受け止め、③どのように対処し、④のちにどう活かしていったかは、たいへん参考になります。

(1)「主張から傾聴へ」青木均一（東京電力社長）の場合

青木は東京電力社長のとき、政治献金の廃止を決めた。それを発端に、政府から冷遇を受けたため、その責任を取って1961年に会長に退き、木川田一隆にあとを託した。

青木は国家公安委員長、日本社会人野球協会の会長も務めた。

明治31年（1898）静岡県生まれの彼は、一橋大学を出た大正11年（1922）、未来の「毛織物王」を夢見て東京毛織に入る。1年後、抜擢され販売課に毛織部を新設する。

いかにコストダウンするか研究熱心のあまり、工場内部に入っていき、工場長、技術者、現場担当職長などに直接話しかけて解決策を研究し、問題点をどしどし常務に報告した。常務はそれを元に工場長などを詰問するため、青木は現場からは迷惑がられた。彼の仕事熱心さが、逆にたくさんの敵をつくることになったのだ。

関東大震災（大正12年）後、鈴木商店が東京毛織の経営に参加することとなり、毛織部の彼は失職する。そして小規模な日本陶管に入るが、一つしかない愛知の田舎工場に赴任させられてしまう。

しかし心機一転、朝早くから工場に行って職長たちと親しみ、夜は彼らを茶菓でもてなし、話を聞いた。経営の核心を知るために、原価計算も研究した。彼のこうした仕事ぶりは、職長たちからも「今度の人は前の人たちとは違う、話のよくわかる人だ」とほめられ、周囲から好感をもって迎えられた。

青木はこの工場へ来て以来、いっさい自己主張せず、ひたすら人の言うことを聞いた。それがかえって彼の信頼を増し、人望を得ることになった。彼は自分の今までの失敗の原因を理解し、克服して大きな収穫を得たのだった。

この気づき以後、昭和３年（１９２８）品川煉瓦支配人となり、同13年（１９３８）には社長に選ばれる。そして同26年（１９５１）電力再編成のときには東京電力取締役に迎えられ、同33年（１９５８）に社長になった。後年、彼は当時の心境を次のように語っている。

「いままでは自己を主張しすぎて、人にいれられなかった。こんどは人のいうことを聞くことによって、自分というものをうけいれられた。いままでは事ごとに敵をつくったが、こんどはことごとく味方となった。世の中とはこうしたものだ。自分一人で生きているものではない。大勢の感情のあつまりが世の中だ。しからば自分の意見を通そうと思うなら、まず聞いてやるのが順序だ。こうして私は半年足らずして、胸中の悶々たる思いをぬぐいさることができ、ふたたび世の中に希望を持つようになった」（『私の履歴書』経済人四巻　２３７Ｐ）

＊　＊

日本社会では「和の精神」を尊ぶ傾向がありますから、ビジネス社会でも、まわりに配慮した自己主張が必要となります。

私の場合、同期入社に営業成績が抜群の人物がいました。彼の家庭が事業をやっていた関係で、彼は商売のやり方、人との接し方が同期や1、2年先輩よりはすぐれていたのです。

彼は自分の商売のやり方、取り組み方を先輩や上司に採りいれるよう強く進言していました。「この方法は、会社にとって良かれ」と思っての進言ですから、正義感に燃えて行動したのです。

しかし、次第に上司や先輩からは疎んぜられるようになり、異動が繰り返され、ついに彼は会社を去ってしまいました。会社は彼の才能を生かし切れなかった損失、彼は自分の才能をうまく組織の中に生かせなかった損失が残りました。

（2）「上司の度量」岡崎嘉平太（全日空相談役）の場合

岡崎は戦後、池谷鉄工、丸善石油の社長として再建に貢献した。昭和27年（1952）、恩師の美土路昌一の要請で民間航空会社の日本ヘリコプター（現：全日本空輸）設立に協力して、同社の取締役となる。

昭和36年（1961）全日空社長に就任し、翌37年に訪中、「日中長期総合貿易に関する覚書」（通称：LT協定）によるLT貿易では中心人物になり、日中国交回復実現にも多大の貢献があった人物である。

明治30年（1897）岡山県生まれの岡崎は、大正11年（1922）東京大学を出て日本銀行に入るが、昭和14年（1939）上海に渡り、終戦まで在留した。

入行間もない昭和2年（1927）の金融恐慌のとき、彼は日銀本店の営業局勤務だった。静岡の新池田銀行から3万円の特別融資申入れを調査役と相談のうえ、受け入れてしまった。

ところが、決裁を求めて永池局長に書類を出すと不許可だった。そのまま帰宅した翌日曜日、「局長も委員会も判を押さないものを貸してしまった、大責任だ」と思うと、さすがに心配になり、食事ものどを通らない。胃が重苦しくてやりきれなくなった。

思い詰めて尊敬する先輩に相談に行くが、重病の奥様を看病している病院の病室では切り出せず、あきらめて帰宅してしまう。夜、ついに退職の決心をして辞表を書き、翌日に備えた。

次の日、永池局長にこの案件処理を聞かれ、「貸してしまった」と言うと、「そうか、貸したのか、貸したのならいいじゃないか」と言い、あっさり判を押してくれた。

岡崎はそのとき、3日間の進退問題の悪戦苦闘を振り返り、辞めずにすんだというだけではなく、心が救われた感じがしたという。彼はこのときの経験を、次のように教訓として肝に銘じている。

「あのときの永池さんの態度は、生きた教訓として私の一生を大きく左右しています。辞表を書くまでに参っている人間を暖かく包んで希望を与えて下さる態度が、自然ににじみ出ていたのです。間違ったことをした人間に勇気を与え、より向上させてやろうというやり方は、ことばで聞いただけではどうもわからないようです。私は自分で大きな体験をしたものですから、会社の若い人が失敗したようなときには、その体験をもとにしかれるわけです。またこの体験が、今日まで大きな失敗なしに過ごせ、多少でもお役に立つ仕事をさせてもらえる一つの力になっていると思います」(『私の履歴書』経済人十巻　414P)

＊　＊

このエピソードに似た経験を、私ももっています。

営業所長のとき、一定の市場を早期確保するため予算申請をしますが、回答期限が過ぎてもなかなか許可がありません。周囲の状況もあり、仕方なく予算の先行投資を部長決裁が下りる前に実行したのです。

ルール違反ですから、実績が出なければ辞表を覚悟していました。そのときの部長が「おれの決裁が遅れたから、責任の半分はおれにある」と言って、不問に付すようまわりに掛け合ってくれました。

このとき私は、「同じ間違いはするまい。この上司について行こう」と固く決心したのでした。上司には、部下を包む度量があってほしいものです。

(3)「市場動向に注視」米山　稔(ヨネックス会長)の場合

米山が、バドミントン、テニス、ゴルフなどのスポーツ用品メーカー、ヨネックス株式会社の創業者として、キング夫人、ナブラチロワ、モニカ、ヒンギスなど世界のトップ・プロをテニスのスポーツアドバイザーに起用し、世界企業に発展させた手腕は高く評価されている。

大正13年(1924)新潟県生まれの彼は、高等小学校卒業後、陸軍工廠に入り、軍需工場で家業の木工技術をみがく。

そして、より高度な技術を必要とする船舶特攻隊に転入隊するが、終戦となり、昭和21年(1946)米山製作所を設立し、独立する。

彼が昭和32年（１９５７）に始めたバドミントンラケット事業は当初順調だった。ＯＥＭ（相手先ブランドによる生産）供給先のバドミントン用品メーカーから品質を評価され、低価格品以外に中級価格品も製造するようになったからである。

売上は月間１００万円単位で伸びたが、これは「木製のラケットにも必ず新素材が登場する」と考え、早めに手を打ったのが奏功したのだ。この決断の裏には、過去の苦い経験があった。

それは、米山の会社が魚網の浮きを作り始めて５、６年たった昭和28年（１９５３）のことである。例年であれば受注がどっと増える秋に、注文がまったく来なかった。得意先に手紙で問い合せても、音沙汰がない。

やっとわかった原因は、前年に魚網はすでに木綿からナイロン製に変わり、浮きもそれに合わせてプラスチック製に変更されていたということだった。桐製の浮き製造に集中していた彼の製作所は大ピンチを迎え、倒産寸前まで追い込まれた。

そのときの経験が、今回のバドミントンのときに教訓として生きた。彼はそれを次のように語っている。

「材料の研究にも力を入れた。浮きが木製からプラスチックに変わり、たたきのめされた経験は忘れようとも忘れられない。素材の研究開発の先頭に立っているのは、どうやら米航空宇宙局（ＮＡＳＡ）だとわかった。ＮＡＳＡの動向にたえず目配りする必要があると思った。情報収集を怠るなと社内にもハッパをかけた」（「日本経済新聞」２００５年４月10日）

技術の進歩は日進月歩です。

ＩＴ（情報技術）はドッグイヤーで、１年が６年に相当する速さで革新が起きており、バイオ技術、ナノ技術などの進歩も著しいものがあります。

ベンチャー企業は、これらの技術に果敢に挑戦し、新しい市場を開拓していきます。現在の技術や経営資源に満足していると、ライバルやベンチャー企業に追い越される運命をたどることになります。

消費者ニーズや市場動向には、常に注意を払う必要があります。

＊　　＊

●失敗から得られる教訓

１　自分の意見を通そうと思うなら、まず相手の意見を傾聴しよう。

日本社会では「和の精神」を尊ぶ傾向があるので、ビジネス社会ではまわりに配慮した自己主張が必要となります。

２　実務に密着した職務遂行を通じて、具体的に指導することを心がけよう。

ＯＪＴ（業務上、必要とされる知識や技能を習得させる教育）指導は、職場の問題発生時に上司が現場で解決法を指導する必要があり、部下の特徴を生かすように心がけることです。

3　常に消費者ニーズと市場動向に注意を払おう。

消費者心理は時代とともに常に変化します。企業は顧客志向を目指しますが、売上が順調だと慢心してしまいます。消費者ニーズの変化に対応するには、競合企業の動向など、市場動向に注意を払う必要があります。

2　不遇時代の対処法

人生をなんの苦労もなく、順調にすごせる人はいません。誰でもどこかで不遇時代を経験しています。

ビジネスパーソンにとってはその原因の大部分が、不本意な左遷や子会社への出向、配属異動、職場の人間関係によるものなど、仕事に関係しています。そのとき本人は、会社や上司を恨み、悶々とした鬱積の日々を送りますが、「私の履歴書」の執筆者たちは、その不遇時代に黙々と努力を続け、次の飛躍に備えて力を貯え、大成していきます。

(1)「ヒラ社員に降格」八尋俊邦(三井物産会長)の場合

八尋は、社長・会長に在任中はイラン革命、イラン・イラク戦争の勃発で暗礁に乗り上げた日本・イラン合弁のイラン・ジャパン石油化学プロジェクトの処理に奔走し、清算を決断した。また、商社出身者として初めて経団連の副会長を務めた人物である。

大正4年(1915)東京生まれの彼は、昭和15年(1940)東京商科大学(現:一橋大学)を卒業し、三井物産に入社する。終戦はサイゴン(現:ホーチミン)で迎えた。

昭和25年(1950)、ゴム貿易の自由化を迎え、財閥解体で分割された第一物産(現:三井物産)神戸支店のゴム課長に就任。神戸はゴム工場が多く、ゴム商売の中心地で、ゴム取引所もできたばかりだった。

「よう儲けるな、八尋くん」といわれるくらい活躍したが、調子に乗りすぎて大失敗をしでかす。

昭和29年(1954)、生ゴム100トンを買ったところ、相場が半値にまで暴落し、大損を出してしまった。損失を取り返すべく、必死に挽回のチャンスを狙ったが損の上塗りばかりで、心労のため血尿が出る日々をすごすことになった。

このとき、実はこの損失が表面化する前に本社物資部ゴム課長への栄転が内定しており、トントン拍子の出世コースの階段を昇ろうとした矢先の出来事だったという。

結局、水上達三常務にこの失敗を報告して陳謝したが、間もなく〝位冠剝奪〟でヒラ社員に降格された。

業務部預かりの身で、新人並みの電信整理が1日の仕事になった。屈辱の灰色の生活は6か月間続いた。水上常務は廊下ですれ違った八尋に、「底値鍛錬百日だよ、きみ」と秘かに力づけてくれたという。「しがみついていれば、いつか必ずチャンスが来る」との意味だと理解する。

そこで彼は、「時期が到来して敗者復活の機会が巡ってきたとき、それを自分のものにできるかどうかで、その後の人生は１８０度変わってしまう」と考え、努力を続けた。

そしてついに、その時が来た。まず、輸出化学品課長代理に任ぜられ、降格から2年ぶりに化学部に新設された石油課長で大活躍することになる。

彼は当時を振り返り、何事も粘り強く、あきらめない、そうすれば道は必ず開けると気づきを与えてくれた水上常務に、今も次のように感謝している。

「私にチャンスを与えてくれた人はだれあろう、水上達三さんその人だった。『どうだ、まいったか』─。この言葉は一生忘れまい」（『私の履歴書』経済人二十七巻　48Ｐ）

＊　＊

私も不本意な降格人事を経験したことがあります。入社20年目に、花形だった営業部から地味な総務部に異動になりました。

職位は、部長職の支店長から本社総務部総務課長です。外部から見ると総務次長の下になりますから、2ランク下がったことになります。

営業担当役員が「おまえの将来を考えてこの人事を認めた」と言ってくれましたが、「いままでの自分への評価が今回の人事ですから、不本意です」と大いに不満をぶちまけました。私は営業が大好きで、それなりの実績も上げていましたので、この人事が不満ですっかりやる気を失くしてしまいました。

課長席に坐って業務上必要な会社の諸規則や過去の重要契約文書の点検をしていても、まったく頭に入ってきません。楽しかった営業時代の思い出ばかりが蘇ります。

午後からの諸法令の勉強会で、眠くてついウトウトし、副社長から「こらぁー、居眠りしている課長がいるぞ！」と大声で叱られるなど、意気消沈の毎日が続きました。

こうした悶々とした日々を送っていたある日、以前上司だった社長とトイレで隣り合わせになりました。「あまり元気がないな。おまえのことを心配していたんだ。慣れない仕事で大変だろうが、会社で重要な部署だからへソを曲げないでやってくれ。俺はおまえの仕事ぶりを見ているから、ヤケを起こさず頑張れ」と言われました。

「そうだ。自分を見てくれている人もいるんだ。自分が怠けると、そのツケは必ず将来自分に返ってくるはずだ。心を入れ替えて一から出直そう」と決心したのです。

「何事も粘り強く、あきらめない、そうすれば道は必ず開ける」と気持ちを切り替えたことにより、総務部の重要性がよくわかるようになりました。

それは弁護士、警察、他社などとの交渉ごとや、取締役会や経営会議の議題がすべてわかるため、支店長時代では知り得ない会社全体の動きや重要課題に関与できることでした。

総務部の重要性がわかると、その職務をまっとうするための勉強をしようと考えます。そのため、商法（現：会社法）や証券取引法（現：金融商品取引法）など、重要な諸法令を勉強するのも苦にならなくなりました。

人間、不思議なもので、気持ちの持ち方で苦労が楽しみに変わったのでした。

(2)「左遷の対応」土川元夫（名古屋鉄道社長）の場合

土川は「労務の土川」として知られ、犬山モンキーセンター、明治村など中京圏振興に大きく貢献した人物である。

明治36年（1903）愛知県生まれの彼は、昭和3年（1928）京都大学を出て、旧名古屋鉄道に入り、将来を嘱望されていたが、合併後、愛知電鉄側から就任した社長に睨まれる。その上不運は重なり、妻、そして父を失う。

会社ではいろいろ努力し実績も上げるが、理由をこじつけられて閑職の厚生部長に左遷させられた。この厚生部長は、青年たちの心身鍛錬も受け持つ所長でもあった。

鍛錬所は東濃地方の山深い温泉地にあったため、毎月2週間はここで暮らした。配所の月をながめるには格好の場所だし、青年と起居をともにする生活は、剣道選手時代の合宿生活の続きのようだった。

暇はあるし、書物も読める。青年と歴史を語り、人情を語り、精神修養について語り合える場所でもあった。その後も左遷はあったが、このときの青年たちとの交流で、人情の機微や青年たちのものの見方や考え方を勉強することができたという。

昭和20年（1945）、運輸部長の職責のまま名鉄労組の初代執行委員長となる。

その後、社長になった彼が提唱し、主導する「労使一体感」は経営の根幹につながったが、左遷の連続で苦しかった当時を振り返り、「左遷哲学」を次のように語っている。

「こう左遷が連続すると私にはおのずから左遷哲学が生まれてきた。左遷、栄進なんてものはいろいろな見方がある。いかに左遷されてもそれによって世間の同情が集まるような時は五分と五分でたいした左遷にならぬものである。左遷のたびに易々とこれに従い、会社発展のために努力すると、これ意外な同情を得られるものであることがわかってきた」（『私の履歴書』経済人十三巻　272P）

＊　＊

この「左遷でも会社発展のために努力すると、意外な同情を得られるものだ」は大変な達観の境地です。

私も地方に左遷され、その恨みから半年ほど仕事の手抜きをしたことがあります。手を抜いた遅れを取り戻すのにずいぶん苦労をしました。具体的には職場の人間関係、仕事の精通度などがスムーズにいかないのです。手抜きは自分が一番よく知っているものです。ヤケを起こせば自分に必ず跳ね返ってきます。心ある人は、必ずどこかで見てくれています。それを信じて、自分のために努力する必要があります。

(3)「いやな部署配属」賀来龍三郎(キヤノン会長)の場合

賀来はカメラの電子化を進める一方、複写機、ワープロ、プリンターなど製品の多角化をはかり大幅に業績を伸ばし、財界屈指の論客としても知られた。

大正15年(1926)愛知県生まれの彼は、旧制五高(現:熊本大学)を出て戦中、戦後の混乱期に学徒動員や浪人暮らしののち、九州大学を卒業し、28歳でキヤノンに入社。

ハッキリものを言う性格から、上司やトップと衝突することが頻繁にあったため、クビを覚悟したこともあったという。しかし最初の上司は、その性格を「面白い」とし、自分の管轄部下とした。

その経理部では原価計算課に回され、まる6年在籍することになる。ところが、ここの仕事があまり面白くない。分厚い棚卸表から、社内加工費、外注費、個数、単価などを計算し、それを縦横合わせて合計を出す。1枚やるのに1時間ぐらいかかり、毎月何百枚も計算しなければならない。

やっていることは計算機の代わりのようなものであり、せっかく卒業した大学での知識など、まったく必要としない。

「こりゃ、ひどいところに勤めたな」と思ったものの、新入社員の身で「つまらぬ仕事はできない」などと投げ出すわけにもいかなかった。

そこで、スポーツ好きで明るい性格でもあった彼は、次の名案を実行した。

「つまらないようにおもいながら仕事をしたのでは、自分が不幸になるだけである。つまらない仕事でもやりようがあるだろうと考えて、計算を〝スポーツ化〟することを思いついた。中学生のころ砲丸投げに熱中し、毎日少しでも記録を伸ばすのを楽しみにしていた。その楽しさを思い出し、毎日、仕事、仕事量を記録することにしたのである。そうすると、今日は六枚やった。明日は七枚に挑戦しようと、記録更新の意欲がわいてくる。（中略）

工夫の末、計算の能率は三、四倍になり、そろばんにも熟達した。それに、いやな仕事でも時間が短く感じるようになったし、私を異常と見た人たちも、半面、真面目で裏表なく、よく働くと認めてくれた」（『私の履歴書』経済人二十九巻　278〜279P）

このときの賀来の下積みの事務経験が、カメラ主体企業のキヤノンを、複写機、ワープロ、プリンターなど事業の多角化を成功させ、業績を伸ばすことになったのである。

＊　＊

いやなことでも面白くしようとするポジティブな発想が、仕事にも人生にも必要なときがあります。

仕事を楽しく、愉快に取り組めるよう努力する才能は素晴らしい。まず、自分の得意なこと、楽しめることを仕事に結び付ければ、気持ちが楽になります。それにより与えられた仕事に精通することで上司からの信頼を得、将来につながった好例です。

(4)「不本意な出向」佐藤安弘(キリンビール相談役)の場合

会社の傍流を歩いて社長になった佐藤は、発泡酒、缶チューハイ、ウイスキーの投入などアルコール総合化戦略で市場シェアの長期低迷を食い止め、ライバル企業を追い越す上昇気流に乗せたことで高く評価されている。

昭和11年(1936)東京生まれの佐藤は、同33年(1958)早稲田大学を卒業し、キリンビールに入社する。その翌年、神戸支店営業課に配属となるが、実態は内勤で、キリンで花形といわれた営業とは違い、空き瓶回収の伝票処理などの地味な仕事だった。

赴任して半年後、彼は上司に支店全体の業務や人員配置の見直しを求めたが無視される。この上申を快く思わなかった支店長に「きみは中小企業のほうが向いているよ」と屈辱的に言われ、不本意な近畿コカコーラボトリングへの出向となる。

出向前の東京での研修の際、「ルートセールスの担当だ」と言われ、トラックに乗って朝から晩まで都内の小売店を走り回ったが、実際に現地に出向してみると、また、仕事の内容が違っていた。

仕事は内勤職で、上司である年配の部長と、社員は実質彼一人のようなものだった。しかし、与えられた仕事を一つひとつ誠意をもってこなすことで、実務のエキスパートになることができた。

この出向で、彼は次のような「悟り」を得ることができたと述べている。

「定款こそできていたが、経理に関する規定は何もない。走りながら考えるしかなかった。開業に必要となる大阪府や大阪市、税務署への届出も期限ギリギリに間に合わせた。

固定資産の減価償却は『定率法』か『定額法』か。在庫評価は『後入れ先出し法』か『総平均法』か…。まだ社会人になって三年目だったが、次から次へと経理のルールを決めなければならない。疑問点があると、原価計算や簿記の辞典と首っ引きになって考えた。仕事に追われながら、人間、どこへ行っても勉強はできるなと思った」(『日本経済新聞』２００５年９月８日)

会社や社会の仕組みを、原点から実務で経験している人は強い。

経済が右肩上がりで成長しているときは、営業型のリーダーシップが望まれるが、不況期や激動期には、堅実で実務的なリーダーシップが望まれます。

頭では理解していても、地味な実務はなかなか素直に取り組めないのが人情です。しかし、この下積みに耐えて努力した蓄積が人間を成長させ、いざというとき、次のステップの出番では期待に応えることのできる人材になれるのです。

＊　＊

●不遇時代の対処法

1　失敗しても腐らない。必ず心ある誰かが見てくれている。

何事も粘り強く、あきらめないでチャレンジしていれば、道は開けてきます。必ず訪れる敗者復活戦のときに対応できるか否かです。そのときのためにも、不遇のときの努力は必要なのです。

2　会社の発展のために努力すると、まわりから意外な同情が集まる。

現在、社会から存在価値を認められている自社を発展させたいのは、労使とも共通の価値観です。真面目に職務に精励していれば、必ず共感する人が増えてきます。心ある上司ほど、評価してくれるはずです。社会的価値のある自社を発展させる努力をしましょう。
3　仕事は明るく、前向きのスポーツ感覚で取り組もう。
イヤイヤやる仕事は能率が上がりません。楽しく取り組めるような工夫をすることが求められます。自分流の〝仕事を楽しめる努力〟をしましょう。
4　出向は試練と受け止めよう。
人生には無駄なものはありません。いろいろな経験が肥やしとなって、それぞれの人生を豊かにします。不遇時代は自身の成長のために必要な〝肥やしの時代〟と認識し、そこで体験するさまざまなことを次のステップアップの糧としましょう。

3　人間関係のあり方

人間関係のあり方といえば、40歳のとき、苦く懐かしい思い出が私にはあります。

昭和57年（1982）11月、勤めていた製薬会社で「新薬申請データのねつ造事件」が発生しました。

新聞やテレビなどで、「いやしくも生命にかかわる神聖な医薬品に対して、国民に不信感を植えつけた行為は許せない」として、連日大々的なキャンペーンが繰り広げられました。

私は大阪支店のナンバー2という立場だったため、社員と一緒に手分けして監督官公庁、医師会、薬剤師会、病院、クリニック、特約店など、関係先へのお詫びと事情説明、該当商品の回収に駆けずりまわりました。

病院では「問題会社立入禁止」「当医院は問題会社の製品をいっさい使っていません」、市町村議会では「問題会社製品購入を停止勧告決議」、都道府県からは「問題会社製品取扱注意」などと、全国いたるところで貼り出されたり、発せられたりしました。

得意先で、説明もしないうちに患者さんなどがいる前で該当製品を投げつけられた社員もいました。どこへ行っても、会社名を小声でしか言えず、名刺を出すのさえはばかられ、こんなに惨めなことはありませんでした。

社員たちは、「なぜ、こんな罵詈雑言《ばりぞうごん》に耐えなければならないのだろう。自分たちは何も悪いことはしていないのに」と言っては涙を流す毎日でした。

それでもなかには、「不正行為は悪い。しかし、会社が悪いのであって、きみが悪いわけではない。該当製品以外はきみの今までの勤勉な言動に免じて、これまで以上に愛用してあげよう。しっかりしろ！　がんばれよ！」と医師や看護師、特約店の人に励まされ、張り詰めていた緊張が緩んで思わず涙ぐんでしまったという、目頭が熱くなるような報告もありました。

このような防戦一方の営業のため、その年の売上高は前年比40％も落ち込み、企業の存続さえ危うくなってきました。

傷つき、失われた信用を修復し、早期に市場を再構築するのは難しい状況です。そこで、以前担当し、尊敬していた私立医大のO教授に相談に行くことにしました。教授とはそのとき利害関係が何もなかったため、公正な立場で判断し、助言していただけると思ったからです。

私は正直にありのまま、世間の非難の声、医師や医療関係者の怒り、自社の窮状などを話しました。私の話を静かに聞き終えた教授は、「吉田くん。それで転職したいのか。もしそうなら、きみ一人ぐらいの就職口を見つけてあげるよ」と言われました。

「いえ、私はこの会社でやります。愛着がありますし、自分を育ててくれた会社ですから」と答えると、教授は少しほほえんで、「そうか、それなら商売ができる先をこれから紹介してあげよう。いいかい、今は会社にとってもきみにとっても、四面楚歌の状態だろう。医師仲間での評判は、はっきり言ってよくない。しかしこの危機を、会社やきみの試練と受け止め、旧に倍する精進を全社一丸となって重ねるならば、必ずよい結果となって花が咲くだろう。順調になんの試練もなく人生を過ごせるものではないよ。今は苦しいだろうが耐えて花を咲かせなさい」と励ましをいただき、その場でいろいろな病院に電話をしてくれたのです。

「ああ、××先生、お忙しいところ申し訳ありません。実は私の友人で古くから付き合いのある吉田くんがここにいます。いろいろ困っているようですので、話を聞いて相談にのってやってください。お忙しいでしょうが、ぜひよろしくお願いいたします」

私はその傍で冷静でいられず、声を出して泣いていました。地位も名誉もあり、多忙を極めている教授が、体面も構わず、自分にも不利となりかねない会社を、大きな病院七つに電話要請してくれたのです。

帰り際には「困ったことがあったら、またいつでも来なさい」と言ってくれ、ありがたすぎてもったいなくて、ただただ恐縮して頭を下げるばかりでした。

帰り道、「冷静に事態を見きわめて、私と会社を応援してくださる方もいらっしゃるのだ」という確信が湧いてきました。

「そうだ、今までの自分の言動は間違っていなかったのだ」

新入社員時代、上司や得意先の人間関係に悩み、苦しんでいるとき、社会教育家のデール・カーネギーの著書『人を動かす』に出会い、「相手の立場に立ってものを考える」「人には誠実な関心を寄せる」という金言に従って行動してきました。

このおかげで、今日、自分を評価してくださる人がいてくれるのだと思ったのです。

この出来事がきっかけとなって、「今後もこの金言を忠実に守って行動しよう」と、初心に返ることができました。

「私の履歴書」でも、有名経営者が次のように「人間関係のあり方」について披瀝してくれています。

(1)「交渉は相手の立場で」神谷正太郎(トヨタ自動車販売社長)の場合

神谷は、トヨタを販売面から世界企業に育て上げ、「販売の神様」と称された人物である。

明治31年(1898)愛知県に生まれた神谷は、大正6年(1917)名古屋市立名古屋商業学校(現:名古屋市立名古屋商業高等学校)を卒業して三井物産に入社し、シアトルやロンドン駐在員として7年間在職するが、同社の学歴偏重、閨閥尊重の風潮を嫌い、退職する。

ロンドンで鉄鋼会社「神谷商事」を設立し、順調に業績を上げていたが、インドなど、現地での労働者によるストライキなどで経営が一気に傾き、廃業して日本に帰国する。

帰国後、英語に堪能であったことからアメリカの自動車会社のゼネラル・モーターズ(GM)の日本法人にスカウトされ、入社。しかし、昭和10年(1935)、豊田自動織機が自動車の生産に乗り出すため、同社社長・豊田喜一郎(佐吉の長男)から入社を勧誘され、その熱意に動かされて、給与600万ドルのGM社から、報酬が5分の1の120万ドルになる豊田に転職する。

自動車販売を任された彼はトヨタの全国販売網を構築し、「定価販売」「月賦販売」を取り入れるほか、「自動車教習所」など自動車を取り巻く環境整備にも功績を上げた。

神谷は昭和33年(1958)にアメリカを視察したとき、今後はGM、フォード、クライスラーのビッグスリーが、大型・中型車に加えてコンパクトカーに力を入れると予言した。

その予言は見事的中し、間もなくビッグスリーがコンパクトカーに進出したため、日本の輸出車は市場競争に敗れてしまう。神谷はそのときの予言的中の極意を次のように述べている。

「これは、何もわたくしが、特別な勘や才能をもっているからできたわけではない。相手の立場に立って物事を考え、判断する、というわたくしの思考パターンから思い当った発想であったに過ぎない。（中略）

ところで、こうした物の考え方は、単にビジネス社会におけるのみならず、実社会においても有用であるように思えてならない。実社会には折衝を必要とする機会も多い。交渉の場に臨んで一方的な主義主張を押しとおそうとすれば、対立が対立を呼ぶ結果に終るに違いない。わたくしは、そのようなおそれがあるときには、もし自分が相手の立場にあったら『わたくしがいま行なっている主張をどう受けとめるであろうか』と自問自答することにしている。そうしてみると、それまで気がつかなかった考え方が生まれ、案外、思わぬ解決の糸口が見い出せるものだ」

（『私の履歴書』経済人十五巻　４３３Ｐ）

＊　　　＊

交渉ごとは、自分中心や会社都合の利点をアピールして進めがちですが、相手の立場を考えて共存共栄の精神で提案しなければ成功しません。

私の場合、医師に自社医薬品の採用を要請したとき、ドクターから「吉田くん、自社都合ばかりアピールしてもダメだよ。私にも患者さんにもいろいろ都合があるんだから」と言われて、大反省した覚えがあります。

それ以後はドクターに関する周辺情報を調べて提案し、成功率を高めることができました。

(2)「相手の気持ちで」松田伊三雄(三越会長)の場合

松田は、日本の小売業として初めて売上高1000億円を突破させた経営者である。明治29年(1896)香川県に生まれた彼は、大正8年(1919)に慶應大学を卒業し、「きょうは帝劇、あすは三越」と言われていた華やかな三越に入社する。

昭和初期の不況期は朝鮮の京城(現:ソウル)支店ですごすが、当時、ここでは比較的豊かな在留邦人の購買力を吸収するのが商戦のカギであった。

現地の花柳界の芸能祭をデパート内で開催するという、彼のアイデアは当たった。その見物に来た客が売り場に立ち寄り、それが売上げに結びつくという好循環で、京城支店の業績を上げたのだった。

戦後、三越本店長で常務時代、文化・娯楽に飢えた庶民のために、日本橋店内の三越劇場において、古典芸能や新劇の上演、三越名人会、三越青年歌舞伎、落語会、素人名人会の名企画を次々と発表・実行した。

その企画は、「欧米のデパートの顧客は買い物だけが目的であるが、日本の百貨店は慰安を求め、文化を求めて来店する」という慧眼によるものだった。

これらは「文化コミュニティ」と呼ばれるようになり、来店客数は増え、業績向上となって戦後三越の再建を果たすことができた。のちに彼は、商売の原点である「人間関係のあり方」を次のように語っている。

「小さいころはきかん坊でわがままだった私が、はからずも客商売に従事するうちに『忍』そして『努力』『誠実』ということがわかるようになった。客商売で大切なのは、対人的に物を考え、相手の気持ちを忖度《そんたく》することである。自分を殺すことも必要となる。それもまた忍である。難題といえども、これが人間関係であるかぎり、相手の立場を考え、誠実をもって努力するならばおのずと解決する。そういう信念が生まれ、それが一つの自信になったように思う」（『私の履歴書』経済人十四巻　３８６Ｐ）

＊　　　＊

誠実が信用につながり、その信用の蓄積から人脈が拡がっていきます。そして、その人脈の広さ・太さがその人物の力量と評価されます。

人との付き合いは、原点である「誠実さ」をもって対応するようにしたいものです。

(3)「迅速に返事を」岡崎嘉平太(全日空相談役)の場合

前出(28P)の岡崎は、日本銀行に入行して翌年の大正12年(1923)、小樽支店に配属となり、そこで3年間、銀行の初歩を習った。

その後、大正15年(1926)に本店に帰り、文書局、翌昭和2年(1927)の金融恐慌で特別融資が行なわれるときに営業局に替わり、貸出業務を担当した。

このとき、彼は郷里の先輩、学校の先生、日銀、関係企業などの人たちからの「人間関係をよくする」ための助言を真摯に受け入れ、実行した。「私の履歴書」では、それについて次のように書いている。

「若いころに聞いていまでも覚えていることの一つは、〝人から手紙なりはがきなりを受け取ったら、必ず返事を書け〟という教えです。向こうの人はこちらから何か言っていくのを待っている。待たせるというのは相手に対し失礼だし、うっかりしてこちらが忘れてしまうと、相手の人は感じを悪くしてこちらを信用しなくなる。

立派に書こうとか、ていねいに書こうとか思って長くおくと、つい忘れてしまう。だからはがきでもいいからあまり時間をおかないで返事を出しなさい、ということを言われたのです。そのとき以来今日でも私は実行しております。私がよく返事を出す、また物を送ったのに対し受け取ったとすぐ知らせるというので、きちょうめんだとほめられることがありますが、それよりも、返事をすぐ出すことによって、人とのいい人間関係ができた例がかなり多く、ありがたく思っています」(『私の履歴書』経済人十巻　433P)

＊　＊

私もこの助言を入社2年目に読み、さっそく採用したのを覚えています。当初は字数が少なくて半分ですむ絵ハガキを愛用し、返事を迅速対応することにしていました。今でも、旅行先や美術館、動物園の絵ハガキなどにお礼や旅先の印象を書いて送っています。

これにより、次回の面談時には話題ができ、人間関係がとてもスムーズになる例は非常に多かったのです。

この項では、第一線で活躍するリーダーたちの、人間関係のさまざまな局面を紹介してきました。

人間関係のあり方を一言でいえば、「相手の立場に立って誠実に対応する」ことに尽きます。聖書にもあるように、「自分がしてほしいことを、人にもしなさい」(マタイ福音書七章十二節)ということです。

そのためには、相手を思いやる心、相手の気持ちを察知する感性が重要となります。

4　仕事に対する心構え

人生においても仕事においても、のちのち大きく影響を及ぼす〝節目〟があります。「心構えの発見」という、重要な出発点もそれにあたるでしょう。

人間、誰にでも自分の行動規範の元となる〝気づき〟があり、それを糧として行動し、成長していきます。

私の場合は、営業課長から怒鳴られたことがきっかけで、仕事に対する心構えに気づくことができました。

新人のとき、営業マンとして張り切って営業活動しても、営業成績は上がりません。課長に呼ばれて、「張り切って働いているのはわかるが、なぜ、成績が上がらないのか?」と質問されるたびに、「お医者さんが当社製品を理解してくれない」「特約店の営業マンが協力してくれない」など、他人のせいにばかりしていました。

それを聞いた課長から、「おまえはどこも悪くないのか。他人ばかりが悪いのか」と怒鳴りつけられたとき、「ハッ」と気づいたのです。「他人のせいにする前に、自分の落ち度を直すことが先決だ」と。他人を変えることはたいへん難しいですが、自分を変えることはできます。

この気づきがあって以来、「悪いのは他人ではない。原因は自分にある」を仕事の心構えとして行動しました。

自分の未熟さを克服するため、読書や先輩の助言を求めるなど努力をし、成績を上げることができ、それが自己成長の原点となったのです。

「私の履歴書」に登場する執筆者たちも、人生の節目となる〝気づき〟を挙げていますが、その場面では、①どのように考え、②どのように受け止め、③どのように対処し、④次に生かしていったか、を教えてくれています。

(1)「仕事の気づき」犬丸徹三(帝国ホテル社長)の場合

「日本最高のホテル」として帝国ホテルの名を内外で高め、川奈ホテルなど国内有名ホテルの設立にも数多く関与し、日本のホテル業界の草分け的存在となった犬丸は、明治20年(1887)石川県に生まれた。

彼は明治43年(1910)に東京高等商業学校(現:一橋大学)を卒業するが、成績不良のため就職に苦労し、やむなく南満州鉄道(満鉄)経営の長春ヤマト・ホテルのボーイになる。

しかし、自分の職業を蔑視する気が抜けず、数年後、出直す覚悟でロンドンに行き修業をするが、ここでもコックではなく窓ガラスふきが日課だった。彼は心中、悶々としていたものの、何をおいても就職することが先決であるため、不平を隠して勤務した。

窓ガラスふきは汚れ仕事で、しかも危険が伴う。厨房で料理に手腕をふるいたいと熱望していた彼は、この仕事を半ば投げやりにやり続け、心はどんどん空虚になっていった。

このホテルにはもう一人、窓ガラスふきがいた。すでに初老を過ぎた男で、毎日黙々と仕事に勤しんでいるかに見える。犬丸は心中、ひそかにこの男を軽蔑していた。

しかしあるとき、犬丸が何気なく問いかけた仕事に対する質問への男の答えが、犬丸に仕事の神髄を悟らせた。

「『君は毎日このような仕事を続け、それをもって満足しているのか』。すると彼は黙って私を廊下へ導き、両側の窓をさして静かに言った。

『イヌマル、双方を比べてみろ。拭えばきれいになり、きれいになれば、その一事をもって私はかぎりなき満足を覚える。自分はこの仕事を生涯の仕事として選んだことを少しも後悔していない』。

私はこのことばを聞くに及んで、一瞬何かに深く打ちのめされたごとく感じた。豁然と悟りを開いた思いだった。実に職業に貴賤なし。なんたるりっぱな生活態度であろうか。私はこの時から窓ガラスふきを天職と心得て専念し、以後職場を変わっても一貫してその気持ちで働くことができるようになったのである」（『私の履歴書』経済人四巻　４０７Ｐ）

この後、彼はホテル支配人に仕事ぶりを認められ、重用されるようになる。そしてロンドン、ニューヨークで修業し、大正8年（1919）帝国ホテルの副支配人となり、建築家ライト式建築の新館を完成させ、昭和20年（1945）には社長となった。

* *

私はこのエピソードを読んだとき、太閤秀吉の草履《ぞうり》取り時代を思い出しました。信長に仕えた藤吉郎が、冬の寒い日に主君の草履を懐で温めて出したという話です。与えられた職務を忠実に、誠意をもって務めれば、上司が「見どころのあるヤツ」と正しく評価し、一段上の仕事を与えて本人の力量を試すというのが経営者心理です。与えられた仕事を着実に成果を上げれば、次の一段上の仕事が待っています。

人は、与えられた仕事ごとに全力で取り組む必要があります。

(2)「どんなときも腐らない」安居祥策（日本政策金融公庫総裁）の場合

安居は、同期の仲間と比べて取締役就任がずいぶん遅れたが、この標題の言葉を自分に言い聞かせて誠実に仕事をし、その実力が周りに認められて、花を咲かせた。

昭和10年（1935）京都府生まれの安居は、同32年（1957）に京都大学を卒業して、繊維メーカーの帝国人造絹糸（現：帝人）に入社する。工場勤務、大阪本社に次いで海外出向するが、台湾で合弁事業、ビデオ事業・自動車販売など多角化事業の撤退を担当するものであった。次は欧州拠点の撤退、４回目の出向で帝人商事へ。彼は転勤、出向の連続で、子会社への出向は通算20年、そのうち10年は海外だったという。最後のお勤めと思ったインドネシアが好きになり、定年までいたいと願っていた。

同期との出世競争からも遅れていた50代後半、第２の人生をそろそろ考えているとき、本社に呼び戻される。同期から６年も遅れて57歳の取締役となったのだ。

社長になったのは５年後の62歳だった。その後、舌がんで社長を退任し、70歳で会長を退き、これから自由な生活に入ろうとしていた矢先、当時の小泉純一郎首相から中小企業金融公庫の総裁を要請される。

安居は不本意な出向、事業の撤退業務、山あり谷ありのサラリーマン人生のすべてを、自分を偽らず、一生懸命生きてきた。その彼が日本政策金融公庫総裁となったいま、「心構え」の生活信条を次のように述べている。

「思えば、私からやりたいと言って就いた仕事は無い。普通の人間だから、不本意な人事に、会社を辞めようかと迷ったこともある。

ただいかなる時にも腐らなかった。どちらかと言えば前を向き、少しだけだが未来を夢見て生きてきたように思う。自分なりに納得のいく結果を出せたら、それでよい。少なくとも自分をごまかさずに生きてきたつもりである。本当はこうすべきだと思いながら、目先の利益や上司の意向などを気にかけて自分を偽れば、必ず悔いが残る。他人はごまかせても、自分はごまかせない」(「日本経済新聞」2009年10月1日)

＊　＊

私は安居の経歴と苦労を知り、同情と同感で涙を禁じえませんでした。「私の履歴書」に登場する多くの経営者が、会社の傍流を歩んでも腐らず、与えられた職場単位で懸命に働き、自分の職務を果たしていくという信条に打たれたのです。

その努力の蓄積が実力となり、周りの多くの人々から高く評価されるようになっていくのです。

(3)「働き一両、考え五両」鳥羽《とりば》博道(ドトール会長)の場合

ハワイにコーヒー農園を取得した鳥羽は、コーヒーの全国フランチャイズ展開に初めて成功した人物である。

昭和12年(1937)埼玉県に生まれた鳥羽は、家庭の事情で高校を中退したため、16歳で社会に出る。見習いコック、バーテンダーなどを経験したあと、コーヒー店オーナーに見込まれ、

19歳の店長として店を任されるようになる。
20歳のとき、以前の勤め先の主人からブラジルのコーヒー農園に招かれ、単身渡航し、農園の現場監督として現地の労働者と共に汗を流して働いた。

コーヒーの本場ブラジルで学び、生活したことが体の中に染み込み、何ものにも替えがたい財産になったという。この経験が、コーヒーの選別、品質管理、焙煎、コーヒー農場経営への成功に導くことになる。

彼はブラジル修業のあと、世界一周して帰国。昭和37年（1962）ドトールコーヒーを創業し、全国にコーヒーチェーンをフランチャイズ展開して産業化に成功した。

彼は学歴がなく、若くして経営者になったため、かえって尊敬する年長の経営者からのいろいろな助言を真摯に受け止めることができた。その一つが「長の一念」という言葉だった。

「課なら課長、部なら部長、社なら社長であるが、長として上に立つ人の一念によって環境がすべて変わる。問題は社員ではなく、トップにある社長にある」と悟ったのだ。

そこで、自分が納得する「言葉」や「格言」を色紙に書いて「自分の考えを共有化」するため、会社に張り出すのを習慣とした。彼はその心構えの原点を、次のように語っている。

「ある時、ゴルフをしているとコースの途中になぜか石碑があり、『働き一両、考え五両』と彫ってあった。私は『はっ』と立ち止まった。凄い言葉だと思い、記憶に留めた。考えとはアイデアのことだと私は理解した。

一の努力は一の成果しか生まないが、アイデアを持って一の努力をすれば五の成果が出る。世の中には努力する人や一生懸命な人はゴマンといる。アイデアを持って努力しなければいけないと痛感した。私はこの言葉を非常に気に入り、紙に印刷し工場や本社に貼った」（「日本経済新聞」２００９年2月26日）

＊　　＊

この「働き一両、考え五両」という言葉は、山種証券の創始者・山崎種二が祖父から教えられ、実行したとも巷間に聞きます。

山崎は自分で考え出した相場観測で、米の売り方に成功します。何事も他人からの知識の蓄積だけではだめで、それを生かす本人の知恵と才覚が求められています。

（4）「面談順位」稲山嘉寛（八幡製鉄社長）の場合

稲山は、昭和45年（１９７０）、分割された八幡製鉄と富士製鉄を永野重雄と協力し合い、苦心の末、再合併して新日本製鐵社長となる。また、経団連会長となり、日本を代表する経済人となった。また、「ミスターカルテル」と呼ばれ、「競争より協調」を尊重し、「がまん」哲学の信奉者でもあった。

明治37年（1904）東京生まれの稲山は、昭和3年（1928）東京大学を卒業し、商工省に入省して八幡製鉄に勤務する。戦時体制の国家総動員法により、同16年（1941）に設置された鉄鋼統制会に出向し、政界・官界・経済人の人脈ができる。

財閥解体の影響で同25年（1950）、日本製鐵が八幡製鉄と富士製鉄に分割されたが、八幡製鉄の常務、副社長、社長と昇りつめる。

彼は気配りの人、配慮の人だった。「私の履歴書」においても、お世話になった人、学友、先輩、後輩、上司、同輩など詳細に人名を挙げ、一人ひとりをていねいに説明している。

紹介する人名が飛び抜けて多いのは、気配りと趣味が広いからである。粋な茶屋遊び、謡曲、端唄、ピアノに琴、スキーに馬、ゴルフ、マージャン、将棋に碁など、それぞれに幅広い人脈を持っていた。

明るく茶目っ気があり、気配りの人柄のため、多くの人を惹きつけたのだ。次に紹介する「面談順位の心構え」は、入省間もない八幡時代の教訓だが、新日鐵でのちに社長となる斎藤英四郎も「私の履歴書」で、上司の稲山からこれを教えられ実践したと書いている。

「中井長官は私にとっては製鉄所にはいる時からの無二の恩人であるが、処世の道についてもずいぶん教えられることが多かった。人に面会する時は地方の人を先にし、地元の人を後にしろ。ことわる人には急いで会え、引き受ける人は待たしてもよい。また、長い取引関係にある場合は相手方に利益を与えなければいけない。損をさせればやがて自分にかえってくる。まことに

含蓄のある言葉だと思う」（『私の履歴書』経済人八巻　253P）

＊　　＊

私の場合、来客による面談はあまりなかったので、次のように解釈し、実行しました。頼まれごとがあった場合は、依頼主にその内容の進行状況を中間報告することで、忘れていない意思表示をしました。また、依頼内容に沿えない場合は、早めに私から回答するように心がけました。

特に注意したのは、依頼主から依頼内容の回答を督促されるような事態にはしない配慮でした。

この項で紹介した仕事に対する心がまえをまとめると、次の3つになります。

1　与えられた仕事に対して誠意をもって全力で取り組む。
2　成功するには知識だけではだめで、これを創意工夫して自分の知恵として生かす。
3　相手の立場を考えて対処する。

5　商売のネタ

松下幸之助、早川徳次らに代表される無学歴の創業者は、アイデアを次々とひらめかせて事業を進め、成功していきます。

早川の場合は大正4年（1915）にシャープペンシルを発売し、成功しますが、同12年（1923）の関東大震災で妻子と事業も失います。それでも翌13年に大阪で早川金属工業研究所（現：シャープ）を設立し、ラジオなどで再起を果たします。

私は、その不屈の精神とアイデアの元はなんなのかと疑問に思ったのでした。そして、次にご紹介する江崎利一の「五感をフル活用」を読んだとき、「商売のネタ」は「仕事における問題解決のネタ」でもあると感じました。

(1)「五感をフル活用」江崎利一（江崎グリコ社長）の場合

江崎はいわゆる「オマケ商法」の先駆者だが、オモチャ屋と冷やかされながらも創意工夫のオマケ商法で、大阪を中心とした関西圏でグリコ事業を軌道に乗せた。

明治15年（1882）佐賀県は佐賀平野の片田舎で生まれた江崎は、同30年（1897）に高等小学校を出ると、すぐに実家の薬種商を継ぐことになる。

朝飯前の塩売りから登記代書と次々と働き、19歳のとき、亡くなった父親の借金を完済した商才をもつ。

大正4年（1915）、佐賀の町を歩いていると、買い集めた空き瓶を忙しそうに荷造りしている光景に出会う。その理由を訊ねると、その空き瓶に中身を詰め替えて、二度も三度も利用するのだという。ビールの空き瓶が多いが、ぶどう酒も増加傾向にあったため、商売のヒントをここで摑む。

「そうだ！　ぶどう酒の大樽を仕入れて、小さい瓶に詰め替えて売れば、必ず儲かるに違いない」と考え、彼は自分で扱う薬のうち、栄養強壮剤などに代わってぶどう酒を売り出し、成功する。

続いてグリコキャラメルを「一粒三百メートル」のキャッチフレーズで販売し、大成功する。戦後、アーモンドチョコ、ワンタッチカレーで急成長し、オマケ商法の先駆者としても有名になる。

江崎は、商売のネタ探しの極意を次のように語っている。

「アタマとマナコの働かせ次第で、商売というものの妙味がいかに無尽であるかをつくづくと感じさせられた。それからというものは、目、耳、頭、手足をゆだんなく働かせるようになり、周囲の物事に対しいっそうの注意力、観察力を傾けた」（『私の履歴書』経済人七巻　１５４Ｐ）

＊　＊

営業マンだった私は、お得意先の望むものを探すことによって接し方が変わり、提案内容も違ってくることに気がつきました。

それは、五感を働かせてお得先やこれから交渉する人の情報や価値観をよく調べ、その人が大切にしている仕事、専門、趣味、家族などを中心に話題を持ち込むと、容易にこちらを受け入れてくれるということです。

これにより、商売のネタも仕事のネタも、五感を働かせて、周囲や相手を注意深く観察することだ、と思ったのです。

(2)「大衆に喜ばれるものを」中山幸市（太平住宅社長）の場合

中山は、音響会社「ミノルフォン」（現：徳間ジャパンコミュニケーションズ）のほか、十数社の「太平グループ」代表としても知られている。

明治33年（１９００）岡山県に生まれた中山は、高等小学校を出て、苦学しながら関西大学を卒業するが、1年後の昭和5年（1930）に「関西電話建物会社」を設立する。

創立後5年、経営は軌道に乗り、学生時代、一杯の素うどんで夕食をすませていた彼は、月給700円の経営者となる。しかし、経験不足のため会社を乗っ取られ、終戦を迎える。

駐留軍相手の「みやげもの屋」やシイタケ栽培を手掛けたあと、昭和25年（1950）に再び月賦住宅販売の太平洋住宅を創業し、成功する。

その後彼は、大成火災保険、太平ビルサービス、太平観光、太平音響（のちのミノルフォン）など、太平グループを育て上げた。

大きな資金を持って商売を始めたわけではない彼の、商売に対する姿勢は、「資本のかからない商売をする」ことがモットーだった。

商売というものは、時代の移り変わり、国際、国内情勢の変化を見ながら工夫していけば、次から次へと生まれてくるものだという考えである。

「ヒントは生活の中にある」として、仕事を成功させる原則を次のように披瀝している。

「その基本は、まず、大衆に喜ばれるもの、時代の要求を反映したものはなにか、と考えることである。そして、次に商品がかさばらないで、重くないこと、すなわち、カタログで商売できることである。次に、できる限り大ぜいの人の協力を得ることである。自分ひとりでやっても、それは一つの『力』にはならないことを知っておくべきである。そしてこの際、自分だけいい目を見ようとはせずに、協力者と共存共栄をはからねばならない。

この原則を守れば、必ず、仕事は成功する。『自分には資金がないから……』と言って、あきらめてはだめだ。金のない者にとっても、金を得る道はある。それは頭だ。私が育った時代に比べれば、世の中に流動性はなくなった。しかし、頭の使いかた、アイデアしだいで、これからでも一つの商売を生み出すことはできる。新奇な商売、だれも気づかない商売を考え出すことが、金のない者が金を得る道である。そのヒントは生活の中にある」（『私の履歴書』経済人十巻　37P）

＊　　＊

「商売のネタ」について総括すると、中山の「商売ネタのヒントは生活の中にある」という言葉は、当たり前ですがドキリとさせられます。

コロンブスの卵かもしれませんが、グリコの江崎と同様、日常生活を注意深く見つめ、五感を働かせて大衆が喜ぶものを見つけ出しています。

この注意力と徹底とが商売のアイデアを生み出し、次々と新規事業に挑戦できた源泉になっているのです。

6　営業部門（体制・価格・製品・流通・販促）

営業業務は「企業の花形」といわれています。私も人と接することが好きで、入社面接では営業部門を希望しました。

営業という仕事には喜びも悲しみもありますが、自分の計画通り売れたときの喜びや達成感は格別のものがあります。それを求めて仕事にのめり込んでいったといっても過言ではありません。

一方、個人ではなく企業サイドに立ったとき、自社が扱う商品を売り、適正利益を稼ぐことが経営ではいちばん大切になります。

企業が利益を出す源泉は営業力です。よい商品を開発しても、そのよさをアピールして売り切る販売力がなければ、企業を成長させることができません。

そのため企業は、常に販売力の強化を考え、実行しているのです。

(1)「営業体制のあり方」武田國男(武田薬品会長)の場合

武田は「創業家の厄介な三男坊として社内でも鼻つまみ者であった」と述懐するが、思いもかけない人生の転機から社長となり、古い体質の老舗企業を世界企業に大成長させた。

昭和15年(1940)兵庫県生まれの武田は、同37年(1962)甲南大学を卒業し、武田薬品に入社する。同39年(1964)フランス、イギリスに留学するが、同48年(1973)食品事業部に配属となる。

昭和55年(1980)、父親の6代目・武田長兵衛が後継者として最も期待していた長兄の彰郎が46歳で急逝した。それまで、会社でも傍流の事業部に預けられ、部屋住みのように扱われてきた國男に、長兄の死から13年後の平成5年(1993)、社長のお鉢が回ってきた。

医薬事業本部の本流ではなく、研究所や食品事業部、海外事業部など傍流ばかり経験していたため、彼には老舗会社のダメなところが手に取るようにわかっていた。

創業200年にもなる老舗企業は、いつしかぬるま湯の中での仲よしクラブや、部門エゴにうつつを抜かし、上司に追従する社員しか出世しない体質になっていたのである。万事ドンブリ勘定で、責任の所在などあってないようなものだった。

そのため彼は、日本の製薬企業で「トップだ」と威張っていても、世界を見渡せばケシ粒みたいなものだ、という辛辣な認識をもっていた。

そこで、医薬事業部長になってすぐ全国の支店を回り、ぬるま湯的体質やドンブリ勘定感覚を指摘し、改革していく。

そのとき彼は、営業体制について次のことを痛感し、「営業体制の基本は営業と研究開発の一体化」という組織づくりを実行していく。

「支店長に『ここの利益は』と尋ねると『売り上げはつかんでいますが、利益についてはざっとこんなものだろうという数字しかありません』と平然としている。金銭感覚のないことおびただしい。

利益が増えたら何が貢献したのか、減ったら何が足を引っ張ったのか、これまたあいまい。すべて惰性で動いている無責任組織に映る。だいたい営業計画は事業部内の一応の高い目標と、会社に提出する安全な計画の二通りあると言うのだからおかしい。

もっと大きな問題があった。医薬品事業にとっての生命線である研究所だ。まるで象牙の塔にいるかのように論文を書くのに忙しく、企業の研究所として最も大事な売れるくすりづくり、『創薬』という意識がないのだ。

質量ともに国内最高水準のスタッフを抱え、しかも潤沢な研究開発費を投じながら目立った新薬が出ない。研究のための研究というわけだ。この非効率な研究体制を他社から〝武田病〟と揶揄されていた。

知れば知るほど危機感が募ってくる。これが大企業病かと思った。この体質、風土を打ち破らないと、グローバルな競争相手とはとうてい戦えないと痛感した」(「日本経済新聞」2004年11月22日)

武田は営業と研究開発の一体化を成功させたのち、全社の機構改革を次々にやってのけ、世界企業へと大成長させた。

平成15年(2003)会長となるが、21年(2009)に退任し、相談役や顧問にも就かない潔さで見事に引退する。

＊　＊

武田は創業家出身のトップになったため、歯に衣を着せない表現で内情をさらけ出し、大改革を成し遂げました。それにしても型破りのすごい経営者で、サラリーマン経営者ではなかなかこまでできない決断と実行がこの「履歴書」では随所に見られました。

●価格施策

マーケティングとは「売る仕組みづくり」ではなく「売れる仕組みづくり」である、と慶應大学の嶋口充輝名誉教授が単純明快に定義づけをしてくれています。「売れる仕組み」は営業部門だけでなく、全社的な経営課題として取り組むものです。

ここでは、営業部門で重要なマーケティング・ミックスの価格（PRICE）、製品（PRODUCT）、販売促進（PROMOTION）、流通経路（PLACE）の施策（４Ｐ）を取り上げます。

企業は、これらの４つの施策をベストミックスさせて総合的営業計画とし、打ち出しています。そこで、すぐれた経営者がどのように価格政策に取り組んだか、紹介したいと思います。

生産者の立場（PRODUCT OUT）からの価格設定に対し、消費者の立場（MARKET IN）からの価格設定に行き着くまでの経営者の苦労が、ここには記されています。

(2)「売る価格から買える価格に」樫尾忠雄（カシオ相談役）の場合

樫尾の４兄弟の存在は業界でも有名で、長兄の忠雄は主に財務担当、次兄の俊雄は開発担当、三男の和雄は営業担当、四男の幸雄が生産担当し、この兄弟の協働が事業を急成長させる原動力となった。

大正６年（１９１７）に高知県で生まれた樫尾忠雄は、早稲田工手学校（現：早稲田大学）で技術と知識を習得し、昭和21年（１９４６）樫尾製作所を創業して社長となる。そして、電子計算機、電卓、デジタルウォッチ、電子楽器、デジタルカメラなどを低価格で販売し、一企業を大企業に発展させた。

しかし、昭和35年（１９６０）から昭和45年（１９７０）にかけ、苦難の時代がやってくる。

日本では電卓（電子式卓上計算機）産業が盛んになり、最盛期には参入企業が50社以上に達した。各社入り乱れての開発競争、価格競争があまりにも熾烈であったため、「電卓戦争」と呼ばれたときであった。

昭和39年（１９６４）、シャープが先陣を切って電卓を発売したときの値段は53万５０００円で、重量は20キロ程度と重く大きなものであった。当時の大卒者の初任給が２万１５００円という時代である。それから5年で、トランジスタ、ＩＣ化、ＬＳＩ化され、部品点数が少なくなるにしたがって、小型化、軽量化、低価格化が進み、電卓の値段は10分の1にまで下がった。

当時、電卓市場はビジコン、システック、カシオなど専業メーカー5社のほかに、日立、東芝、ソニー、リコーなどの総合電機、家電、精密機械メーカーなどが参入し、ＯＥＭ（相手先ブランドによる生産）専業メーカーなどを入れると、50社近くが競争していた。

5万円を切る電卓を発売したのは、立石電機（現：オムロン）だったが、それまで電卓は企業と官公庁の需要先だけが利用する業務用であった。

それを一般大衆に算盤がわりに使ってもらいたいと考えたのが、樫尾であった。５万円を切れば個人でも電卓を購入でき、市場は一気に拡がると読んだのである。

チャンス到来として、1万円電卓を実現するために、機能も最小限に絞って開発したのが1チップ6桁計算の「カシオミニ」だった。

「企業が買う」価格から「大衆が買える」発売価格は1万２８００円。このカシオミニが大ヒットし、カシオの業界地位を固めることになった。この後も電卓の小型・軽量化、半導体技術、生産技術、省力化、低価格化など、あらゆる面で行き着くところまで行った結果、電卓業界に残ったのはシャープとカシオだけだった。

アメリカではもっぱら軍事・宇宙開発に使われていたＩＣを、日本では電卓という民生用に大量に使い、半導体産業を育て、同時にマイクロプロフェッサや液晶ディスプレイを生み出したことは、コンピュータの歴史に大きな影響を与えた。

彼はこの熾烈な価格競争を勝ち抜く逆転発想の原点を、次のように証言している。

「いま改めて電卓戦争を振り返ってみて、よくぞ開発でリードし続けられたものだと思う。新製品の開発を始めて、まず設計図が出来上がる。そのまま、生産の準備にかかるのでは、競争に勝てない。出来上がった設計図をもとに、『部品の数をもう二割減らせないか』『値段をもう三割安くできないか』という具合にもう一度設計し直してコストを下げる。それを半年ごとに、場合によっては三カ月おきにするのだから、しんどい話だった。

しかし予想に反して、電卓の値段が四万円を切るところまでいっても、個人は買ってくれない。これは、何か発想を変えないと無理だぞということになった。では、いくらだったら個人が買ってくれるか――。私たちは発想を逆転させた。

四十六年当時、大学出の初任給は四万円前後だった。その四分の一、一万円ならなんとか買ってもらえるんじゃないか、と開発部門の若手が言い出した。全くのカンだったが、彼らの金銭感

覚が一万円なら、と言わせたのだろう」(『私の履歴書』経済人二十八巻　305P)

この文章を読んだとき、商品の市場価格を決めるのにここまで努力しなければ通用しないのか、と驚いてしまいました。

＊　＊

メーカーは価格の決定権をもち、利益を流通業よりも多く得られますが、競合他社との熾烈な価格競争に加え、消費者に受け入れられる価格にまで引き下げ、生き抜くことは大変です。「価格決定は企業経営そのもの」と言われますが、この価格決定で企業の浮沈が決まるのもよく分かります。

さらに現在は国内だけでなく、海外企業との競争もありますから、なおいっそうの開発力・技術力が要求されます。

●製品施策

(3)「付加価値化の重要性」江頭邦雄(味の素会長)の場合

昭和12年(1937)長崎県生まれの江頭は、同37年(1962)一橋大学を卒業して、味の素に入社する。そして62年（１９８７）取締役に昇進するが、評価される分岐点は次の大事件だった。

昭和50年（１９７５）にサラダ油などの食用油脂業界に大事件が起きた。それはアメリカの港湾ストをきっかけに原料価格が暴騰したからだ。その結果、その年度の決算は業界全体で８００億円の赤字となった。味の素の油脂部門も80億円の赤字を出す惨状となった。

油脂業界は、日清製油、豊年製油、昭和産業、吉原製油、味の素などメーカー数は多いが、製品の品質はほとんど違いがなかった。したがって行き着くところは当然価格の勝負になり、原料価格が上がると各社はたちまち大赤字になる体質だった。

江頭は、原料の大豆は大部分を輸入に頼っているが、運賃をかけて運んできて絞ってつくった油が、ミネラルウォーターより安くなる業界体質から抜け出さないと企業の安定はないと考えた。

そこで次のように「高い値段で売れる付加価値のある油を売る」と決心し、大勝負をかけ成功する。

「食用油脂の原料は大豆、菜種、トウモロコシ、ゴマ、紅花などいろいろあるが、サラダ油は大豆と菜種をブレンドするのが一般的だった。

トウモロコシにはコレステロールの低下作用を持つ成分が他の油脂原料よりはるかに多く含まれていることは知られていた。しかし価格が他より高いため、これを主原料にした製品をつくろう考えた人はいなかった。

原料コストは高くても、健康に良いという付加価値をアピールすれば、高い値段で売れるかもしれない。私はそう考えてコーン油を製品化し、通常のサラダ油より五割高い値段で販売することにした。私の『再建屋』としての評価を賭けた大勝負だった。成否は消費者に『コーン＝健康に良い』イメージを浸透させることができるかにかかっていた」（日本経済新聞２００６年11月２日）

＊　　＊

商品のよさとは、素材、デザイン、香り、味、サービスなどいろいろな要素がありますが、ヒット商品が出ると、各社の生産技術は平均して優れているためすぐ類似品が市場に出回り始めます。

いかに自社商品を付加価値づけて消費者に提供できるかで、優劣が決まります。付加価値づけは、顧客ニーズや消費者動向を見極めながら、自社品の特徴をタイミングよく打ち出す必要があります。

「言うは易く行うは難し」ですが、この競争で企業は日夜骨身を削っているのです。

●流通政策

(4)「得意先まわり」樋口廣太郎(アサヒビール名誉会長)の場合

アサヒビールの社長に就任した樋口が、社内の反対を押し切って、売れ残っていた古いビールをすべて店頭から回収・廃棄し、それが結果的にアサヒ再興につながった話は有名である。

樋口は大正15年(1926)滋賀県に生まれた。昭和24年(1949)京都大学を卒業し、住友銀行に入行する。同57年(1982)副頭取になるが、磯田一郎住友銀行会長との意思の疎通がうまくいっていなかった。

住友銀行からアサヒビールには、3代続けて社長を送り込んでいたが、業績は回復せず、当時のシェアは過去最低の9・6%まで落ち込んでいた。磯田会長からアサヒビール転出の話があったとき、樋口は自発的に引き受けた。

そして、住友銀行退職の別れの挨拶で、銀行の役員、支店長を前に「香典をいただきたい」と切り出した。「自分と働いて楽しかった人は3万円、この野郎と思った人は厄払いとして1万5000円、なんとも思わない人は1万円」と言い、アサヒビールと討ち死に覚悟の意気込みを銀行員に披瀝したという。

岐路に立っていたアサヒビールを再生するため、売れ残ったビールの在庫をすべて処分し、全国の取扱店、顧客を回り、生の声を謙虚に聞き、納得すべき点は即、それを実行に移した。

13年後、アサヒビールは奇跡の復活を果たし、45年ぶりにビール部門でトップに返り咲いた。社長初年目の重要仕事がこの得意先回りから始まったと、彼は次のように語っている。

「私は全国の得意先を回り、就任二カ月でいただいた名刺が二千五百枚を超えた。そんな社長はビール四社の歴史には珍しいと言われた。私は商家に生まれたので、心から頭を下げるのは当たり前のことであり、話を聞いて直すべきことはすぐ直す。相手の目の前で担当者に電話して指示をする。

その場でお客様に『やります』と言えば、一発で納得してくれる。『では帰りまして相談して……』などと言う必要は全くない。ただし、どう考えてもできないことは『すみませんが、いまの段階ではできません』とはっきり申し上げた。私は朝から晩まで会社にいなかった。しかも、毎晩十一時になると、雨が降っても、どんなことがあっても、必ず小売店さんを十五〜二十軒ぐらい歩いて回った」（『私の履歴書』経済人三十六巻　99P）

＊　＊

営業の基本は「足で稼ぐ」ことです。

これは、現場に行き、顧客ニーズを摑み、消費者動向を皮膚感覚で知ることで商機を探ることを意味します。

この基本を、樋口は社長就任早々から精力的に率先垂範で実施し、全国の顧客、取扱店および自社の支店・営業所の人たちの心を摑みました。現場で問題を発見し、その解決の答えを教えてくれたという、好例です。

●販売促進策

(5)「アイデア商法」江崎利一(江崎グリコ社長)の場合

江崎が、創意工夫の「オマケ商法」で大阪を中心とした関西圏でグリコ事業を軌道に乗せてきたことは前述した(本章64P)。

東京進出にあたっては、静岡まで伸びた販路を一気に東京まで拡大せず、北陸から東北、仙台へと迂回し、東京を包囲しながら近寄っていった。

これは大阪での発売当時、まず三越から攻撃を始めたのと、まったく対照的だった。その理由は、それまでに多くの業者が東京進出を狙ったが、単なる押しの一手でいずれも失敗していたからだった。

そこで、わざと東京をいちばんあとまわしにし、近県の神奈川、埼玉、栃木などから一つずつ攻略する〝遠まわし法〟または〝周辺先取攻略法〟といった方法をとった。大阪市場で使ったアイデア商法にプラスするアイデアを、一つひとつ試しながら進めていったという。

彼はいろいろな苦労の末、東京進出に成功する。その理由は、広告宣伝から販売方法まで、独特のアイデアで次々と手を打ち、他社とは違ったグリコの特色を十分に生かしきることができたからである。彼はその販売促進策を、次のように披瀝している。

「まず東京進出を機会に、オマケサービスに徹底的改良を加えて特色を強化し、さらにこのアイデアを、クーポン券の収集による賞品提供にまでに発展させた。

クーポン券による賞品引き替えと同時に、教育当局の協賛を得て、市内小学校を教育映画で片っぱしから回ったこと、また数年間にわたって市内各所の公園で映画大会を開いたのは、地盤確立に大きな力となった。

さらにつぎの手は、日本で最初の自動販売機百台を主要デパートに設置したり、昭和六年浅草に動くネオンを建設したりした。どちらも今ではさほど珍しくはないが、当時はたいへんな人気と話題をあつめた。後年自動販売機は十銭入れると映画が見られ、音楽が聞こえ、そして二銭のオツリまで出るという日本最初の自慢の機械になった」(『私の履歴書』経済人七巻　１７９Ｐ)

＊　　　＊

クーポン券が今はスタンプサービスやポイント加点になっていますが、これは商店街連合会や小売り市場など各業界で広く応用され、その広がりの大きさにいまさらながら驚いています。

そして、自動販売機、ネオン設置の広告など、斬新なアイデアを次々と打ち出す江崎の秘密は、前述したように、アタマとマナコを働かし、五感をフル活用したものにほかなりません。日夜、消費者の立場で神経を研ぎ澄ませて考え、喜ばれる施策を考えたに違いありません。

7　購買・生産・物流部門

これらはサプライチェーン（商品の供給網）部門になりますが、顧客の求める商品が、必要なだけ安定的に供給できる体制をいかに築くかが、企業の重要な経営課題となります。

平成23年（２０１１）の東日本大震災で、企業は原材料の仕入先の被災、工場における生産工程の損傷、在庫品の損傷や払底、配送のストップなど、一連の供給網が寸断されて、市場に安定した商品供給ができなくなりました。

反対にリーマン・ショック時には、金融不安による急激な需要の減退で、過剰在庫の状態となり、企業は売上減、資金繰りの悪化、人員削減などで大変苦しみました。

この項では、需要減に対応する生産調整の仕方と効率生産のモデルとなっている、トヨタ・カンバン方式のルーツを紹介します。

(1)「生産調整の仕方」本田宗一郎(本田技研工業社長)の場合

本田は経営を副社長の藤沢武夫に任せ、自分は開発に没頭し、共にホンダを世界的な大企業に育て上げて、日本人として初めてアメリカの自動車殿堂入りを認められた人物である。

明治39年(1906)静岡県に生まれた本田は、昭和3年(1928)、自動車修理業で独立する。同9年(1934)、東海精機を設立するが失敗し、浜松高等工業学校で機械について基礎から勉強し直す。

戦後、自転車用エンジンで成功し、同21年(1946)本田技研を設立、社長となる。そして、オートバイの生産を開始し、「ドリーム号」「スーパーカブ号」のヒット商品を開発する。これが順調に発展したため、自動車生産に進出した。

岩戸景気とオリンピック景気の狭間の昭和37年(1962)には、景気がだいぶ悪化して日本の代表的な大企業までが生産調整に四苦八苦していた。しかし、彼はその1年以上も前の36年3月には生産調整を断行していた。

そのとき世間からは何かと非難されたが、彼はちゃんとした見通しをもって行なっていた。アメリカのドル防衛でアメリカ経済が変調を来たし、日本にも影響しそうな気配があり、それに昭和35年(1960)から翌36年(1961)正月にかけての大雪で、日本の3分の2が大規模な交通マヒを起こしたため、販売不振となっていたからである。

生産調整は、2月にやればまだ寒く、代理店に先行き不安を抱かせないように強気で押し通し、暖かい季節に向かい景気もよくなりそうな3月に実施した。あくまで代理店の気持ちを考えたうえでの決定であった。生産調整は5日間とし、実施までの約1か月間にどんなことを行なうか、綿密な計画を立てた。

本田技研は急成長したため、生産機械や部品にアンバランスが目立ち、下請けの能力差による精度の違い、値段の高低などが生じていた。

社員全員でそうした矛盾を洗い出し、不具合を是正した。このため、生産調整で操業をストップしても、社員は機械の配置換えや手入れなどで、休業どころではなかったという。

その結果、生産を再開したときには、以前より質のすぐれた製品が、しかも低コストでできるようになっていた。ほかの企業は一般に好景気で、生産増大の傾向が強かったため、ホンダが操業停止をしても下請け業者からはクレームがまったくこなかった。

生産調整に関する本田の次の言葉は、その判断力と先見力、決断力がすぐれていたことをあらわしている。

「このときの調整ですっかり体制を整えたため、いまの世の中が不況だといって騒いでいるさなかに、私のところは反対に増産に転じていられるのである。昔から言われているように、ヤリの名人は突くより引くときのスピードが大切である。でないと次の敵に対する万全の構えができない。景気調整でもメンツにこだわるから機敏な措置がとりにくいのだ。どんづまりになってやむをえず方向転換するのではおそすぎる」（『私の履歴書』経済人六巻　２４５Ｐ）

＊　＊

本田の例は、過剰生産に対応する事例ですが、今回のリーマン・ショックでは、全世界で市場全体の需要が急減し、大不況となりました。

トヨタをはじめ、ほかの製造業者も在庫圧縮に大苦戦しましたが、鈴木自動車の鈴木修会長だけは前年からの景気後退を見逃さず、早めに生産調整を行なっていました。

各社の首脳陣も、前年から販売が思わしくなく、データ上ではわかっていたといいます。しかし、それを決断するタイミングと実行力に差が出たとしか思えません。

トップの先見性、判断力、決断力が被害を最小限で食い止め、会社の危機を救うことになります。

(2)「ジャスト・イン・タイムは管理職の洗脳」豊田英二（トヨタ自動車会長）の場合

全世界の工場が、原料の仕入れから商品の発送までのリードタイム（仕入‐生産‐発送するまでの時間）短縮による生産効率の向上をめざし、トヨタのカンバン方式「ジャスト・イン・タイム」をモデル採用している。

大正2年（1913）愛知県に生まれた豊田は、昭和11年（1936）東京大学を卒業し、祖父・豊田佐吉が創業した豊田自動織機に入ると、伯父・喜一郎（佐吉の長男）から、自動車開発を命ぜられた。

昭和20年（1945）取締役となり、その後、常務、専務を経て、42年（1967）トヨタ自動車工業社長となる。そして国際競争力を高めるため、神谷正太郎や加藤誠之らによって大きく成長したトヨタ自動車販売会社と、57年（1982）に製造・販売合併でトヨタ自動車を発足させ、会長として企業を大きく発展させた。

現在では世界中で採用されているトヨタのカンバン方式「ジャスト・イン・タイム」は、豊田喜一郎が考案したもので、挙母《ころも》工場（愛知県豊田市）の移転時にこのシステムが導入されたものだと英二は次のように書き記している。

「いままでの刈谷工場では、鋳物からできた半製品をいったん倉庫に入れ、それから機械で削っていた。個々の部品についても、ピストンであれ、どんな部品であれ、『何個つくれ』という伝票が回ってきて、それが終わると次に『穴を開けろ』という指示がきていた。いわゆるロット生産だが、これを全部流れ作業にしたのである。

するると品物はたまらなくなり、倉庫もいらない。ランニングストックが減って、余分な金が出なくなる。逆にいえば、買ったものが金を払う前に売れてしまうわけで、この方式が定着すれば、運転資金すらいらなくなる。
喜一郎の考えた生産方式を要約すると、『毎日、必要なものを必要な数だけつくれ』ということになる。これを実現するには、全工程はいやでも流れ作業にならざるをえない。喜一郎は工場責任者として、この方式をいかに社内に定着させるか、知恵を絞った。（中略）
流れ作業の考えを、どうやって社内に定着させるか。なによりもまず従業員、とりわけ管理、監督にあたる人の教育を徹底させなければならない。画期的なことだから、旧式の生産方法が頭にこびりついた人から洗脳する必要がある」（『私の履歴書』経済人二十二巻　４４７Ｐ）

＊　　＊

私の勤めた会社も、トヨタ生産方式を導入しました。

トヨタの生産現場に詳しい専門家を招き丁寧に指導していただいたことで、２年後にはロット生産方式からランニングストックを大幅に削減できるリードタイム短縮方式で見違えるような生産改善ができました。

しかし、この成果が表れるまでに管理・監督にあたる管理職の教育にいちばん時間がかかりました。

8　研究開発部門

研究者に目標を持たせて、自主的に生き生きと研究に没頭させるのは難しい。まして、企業に貢献する成果（実績）を上げさせるのはもっと難しい。博士号の取得者が何百人いても、研究成果を学会発表だけでその企業発展に役立つ成果が出なければ、企業の存続も難しくなります。経営トップは、使った研究開発費とその成果（コストパフォーマンス）を考えてゴー・ストップの決断を迫られます。ここに登場する経営者は、ご自身の研究開発と若手指導に優れた業績を上げられた方で、そのノウハウを披瀝してくれています。

(1)「特許重視を」山路敬三（日本テトラパック会長）の場合

山地はキヤノンにおいて「ヤマジ式ズーム」レンズなど次々とヒット商品を開発し、理系社長となるが、退任後、世界企業のテトラパック（本社スウェーデン）より招聘されて日本法人の責任者になった人物である。

昭和2年（1927）愛知県生まれの彼は、同26年（1951）東京大学を卒業する。養父の鉄道土木請負業を引き継ぐつもりが、養父の急死と事業閉鎖で、自認する物理屋を大事にしてくれる会社を就職先に選ぶ。それがキヤノンだった。ズームレンズの設計を任され、後に有名になる世界に類例のない「ヤマジ式ズーム」を開発する。そして、シネカメラの「ズームエイト」、「キャノネット」、「オートフォーカスカメラ」、ゼロックス社以外で初めての国産複写機、インジェクション・プリンターなど次々と数多くのヒット商品の新規開発に関与した。

彼が所属する製品研究課は、開発部、研究開発部、中央研究所と大きくなり、成果を上げて役員への階段を昇っていったが、常に特許重視の姿勢を貫いた。研究員に「論文を読むより特許を読め」「報告を書くなら特許を書け」と奨励した。理由は、個人としては登録番号、名前、内容が永久に残るし本人の記念碑になり、そのうえ、企業としては強い技術をもっていると他社からクロスライセンスの提案も出てくるメリットがあるからだった。

彼は特許数を増やすための奨励策の実施、そして特許出願は難しくないコツを丁寧に話して出願を増やしていった。そして、彼はその出願のコツと成果を次のように語っている。

「出願のやり方にも戦略性が要る。単発では駄目で、同じ目的を達成する違う手段についても出しておく。さらに材料、素子、応用面まで系統的に出して下さいとも言った。

この私の方針に呼応してくれたのは特許部の丸島儀一さんだった。開発が出したアイデアを見事な出願に仕上げて、日本でも外国でもどんどん通してくれた。特許の交渉ごとも丸島さんに任せておけば大丈夫と私たちは安心して開発に専念できた。

その結果、九二年にキヤノンは米国特許の登録件数でトップになった。その時ＩＢＭは六位だったが、九三年から九六年までトップだ。キヤノンは九三年三位、九四年からずっと二位である。しかし従業員一人当たりでは断然多い。特許料収入はここ十年平均で年間約百億円となり支出の約十倍になっている。

だから『特許ですみ分けをしたり、相手とパートナーシップを結ぶ』という方針がとれた」

（『私の履歴書』経済人三十三巻　53Ｐ）

＊　　＊

特許権は、著作権や商標権などと同様の知的財産権の一つですが、企業において経済的価値は非常に高いものです。知的財産は「参入障壁を築くこと」「競合他社と差異化を図ること」「自らの事業を自由に進めること」を目的に取得するものですが、最近では企業収益に多大に貢献している企業も出てきています。そのため、この知的財産を多く持つ企業は高い評価を受けるようになりました。キヤノンの２００９年米国特許登録件数は２２００件であり、特許権収入は３０３億４４００万円であると自社のホームページで紹介しています。

日本は２００９年の米国特許登録件数では上位10位以内に5社（キヤノン、パナソニック、東芝、ソニー、セイコーエプソン）が入っており、米国に次いで世界第2位の出願国になっています。グローバル化が進み、先進国との競争激化、途上国の追い上げも急な現在、自社の優位性を保つためにも特許の重要性はますます高まっています。

9　管理業務部門（人材育成）

管理業務部門は、営業、生産、研究開発の活動を支える内勤のサービス業務ですが、総務、人事、経理・財務、秘書など、業務は広範囲にわたります。

これらの主要部門は守りの要となりますから、立派な経営者になるためには、この業務に精通しておかなければなりません。

この項では、人材育成のあり方や教育のポイントを抽出しました。

●人材育成

井上五郎（中部電力会長）は、恩師の「電力の鬼」松永安左エ門から「経営でいちばん肝心なことは人材を養成することだ」と教えられ、「物を作るより人を作ること、これは経営者にとっての最大の責務である」と肝に銘じて経営したと「私の履歴書」に書いています。

どの経営者も異口同音に「組織はトップの人材がすべて」「部門のトップで実績が違ってくる」ことを挙げ、経営者は管理職の育成に心を砕いています。

ここでは、日本の人材育成と少し違っている、外国の事例を紹介します。

(1)「対話の質問項目」ルイ・シュバイツァー(ルノー会長)の場合

ルイ・シュバイツァーの父親はIMF(国際通貨基金)の元専務理事のピエール・ポール・シュバイツァーであり、ノーベル平和賞受賞の医師・シュバイツァー博士は父方の大叔父である。

ルノーの社長のとき、カルロス・ゴーンを日産の社長に抜擢し、その後、自分のルノー社長兼CEOもゴーンに譲った。

昭和17年(1942)フランス東部のアルザス生まれの彼は、エリート養成学校であるパリ政治学院と国立行政学院(ENA)の両校を卒業後、優秀な成績だったため、45年(1970)財務省の会計検査官になる。ENAからは大統領や首相、高級官僚が多く輩出しているが、在学中の成績順に就職が決まるため、在学中の学生は必死で勉強するという。

1学年約1500名のうち、高級官僚など、最高位の職種に就くのは上からせいぜい15番までだが、彼はトップクラスにいたため、最高のエリートとされる会計検査官になった。

当時のポンピドゥー政権は社会保障関連機関の管理運営をめざしており、最初の1年間、ルイはパリ市の医療福祉機関に出向する。そこは市内の全公立病院を管轄し、関係職員数は6万人。巨大組織であるがゆえに経営が難しく、問題病院になっていた。

そこで彼は最初の数か月間、医師、看護師、事務職員らと個別面談を行ない、何が問題なのかを直接聞くことにした。

その結果、資金や人員の資源配分、人間関係などに問題があることがわかり、それを一つひとつ改善することに成功する。

その面接方法は、「何が問題か、障害は何か、どのように解決すべきか」を個別に質問すれば、相手の仕事に対する意識程度がわかり、自分の解決策も発見できる、というものだった。彼はこの手法について、次のように語っている。

「私は難しいことをしたわけではない。小さなノートを手に相手と向き合って『何をしたいのですか』『障害は何ですか』『どうやったら解決できると思いますか』などの質問をし、メモをとりながら一時間程度話すことを繰り返した。

人の話にじっくり耳を傾けて取り組みを考える方法は、その後の公務員時代、ルノーでの日々を経て、現在に至るまで頻繁に使っている」（「日本経済新聞」２００５年10月5日）

一般的に管理職として新しい職場に異動した場合、まずその職場の問題点や課題をいち早く把握し、指導していかなくてはなりません。

私の場合も、そのときの方法として、この「何をしたいのですか」「障害は何ですか」「どうやったら解決できると思いますか」の「対話の質問項目」が大変役に立ったので、現在も活用しています。

＊　＊

(2)「管理職教育のポイント」ルイス・ガースナー(IBM会長)の場合

ルイス・ガースナーは、超優良企業のIBMが創業以来の経営危機に陥っていた平成5年(1993)の4月、初めての外部出身CEO(最高経営責任者)として招かれ、14年(2002)12月の退任までの9年間で巨大企業の再建に成功した人物として有名である。

昭和17年(1942)アメリカ・ニューヨーク州生まれの彼は、38年(1963)にダートマス大学を卒業し、40年(1965)にハーバード大学ビジネススクールでMBAを取得する。マッキンゼーに入社後、アメリカンエクスプレス、RJRナビスコ会長を務めた。

その経歴を見ると、彼は非常に広い範囲のビジネスの世界を知っており、経営にとって何が大切で、何が必要かをよくわかっている、数少ない経営者の一人だということがわかる。

彼はIBM会長に就任すると同時に、世界中のIBM顧客と話し合いをもつことにした。IBMが顧客の信頼を失っていると感じていたため、「顧客がIBMとは交渉しにくい」というイメージを少しでも減らしたかったのである。

最初の経営会議で経営幹部50人に提案したこの「顧客抱き込み作戦」は、訪問する顧客数が多ければ多いほど得点が増える内容であった。

この作戦は、IBMの企業文化を変える第一歩となった。会社を建て直すには、外部の力を得て、顧客の求める方向に早期にもっていくことが重要だった。

この作戦が社内に浸透し、波紋を投げかけるようになる。彼が本当に彼らの報告書をすべて読んでいることがわかると、急速に動きがよくなり、反応も敏感になってきた。

そこで「顧客抱き込み作戦」で得られた情報を整理・分析し、経営戦略にまとめて、全世界に打って出る必要があった。

そのためには、企業競争に勝つための必要最低条件は手持ちの資産、とりわけ人材をフルに活用して組織を活性化させることだった。市場環境はグローバル化し、顧客ニーズの変化も著しいため、急激な変化にスピード対応するには、現場に近い管理職を呼んで会議を開く必要があった。

議論するときには、意図的に素っ気なく、しかも威嚇するような物言いでどんどん厳しい質問を浴びせるようにしたという。社員たちが会社の弱点、矛盾点を克服するための戦略を探るように仕向けるためである。

問題解決のため、もっともっと自由闊達に議論しようというメッセージを社内に浸透させる狙いだったのだ。彼はこのやり方、考え方を次のように説明している。

「重要な問題に取り組む場合には、何より優れた知恵と知識を注ぎ込むことが大切だと考え、よく現場に近い管理職の人たちを呼んで会議を開いた。現場の人間こそ私の知りたい事実や情報を持っているからで、一緒にテーブルを囲んでざっくばらんに議論した。彼らの上司が出席しても、もっぱら部下たちとばかり話した。時には上司を呼びもしなかった。（中略）

同時に、上司たちに対しては、事実を掌握して問題に真剣に取り組み、解決策を打ち出して行動するのが本当の管理職であり、単に手続きにこだわって段取りをこなすだけの監督官ではダメだというメッセージを送り続けた」（「日本経済新聞」２００２年11月14日）

＊　＊

顧客のニーズを集め、顧客の求める方向に整理し、これに基づいて立案した経営戦略を、現場に近い管理職を集めて徹底的に議論し、トップの意図した方向にもっていく、このガースナーの人材育成手腕に驚きました。

しかし、このとき同席している管理職の上司を無視するやり方は、日本的経営には少し異質な感じがしたというのも、正直な感想です。

(3)「辞めさせたい管理職への対応」ジャック・ウェルチ(GE前会長)の場合

ジャック・ウェルチは21年にわたり、GE(ゼネラル・エレクトリック)のCEOとして経営改革に取り組み、世界最優秀企業に育て上げた。平成11年(1999)には『フォーチュン』誌で「20世紀最高の経営者」に選ばれる。

昭和10年(1935)アメリカのマサチューセッツ州に生まれた彼は、昭和32年(1957)マサチューセッツ州立大学卒業後、イリノイ大学院で博士号を取得、35年(1960)GEに入社。

46歳(昭和56年:1981)でGE会長となったウェルチが最も力を入れたのは人づくりであり、すぐれた人材を育成する研修を最も重視していた。

人材開発のプログラムの狙いは、一人ひとりの個性化、差別化にあり、その教育には研修センターを活用した。昭和63年(1988)の1年間にはこの研修センターの受講者が5000人にも達する。

ここの研修目的は、ワークアウト(WO)プログラムを実施し、現場の従業員を集めて会議や業務の評価の仕方などに不要な仕事や職務(ワーク)を追い出す(アウト)ことだった。

この研修では、課員の提案に課長がその場で即決する。即決できなければ、管理職の資質が問われることになる。課員は自分のアイデアがただちに採用されるとわかれば、組織は活性化するからだ。

このようにして、平成4年（1992）までに社員20万人がこの研修センターで教育を受けたという。当時を振り返り、ウェルチは、辞めさせたい管理職に次のようにドライに接したと書いている。

「業績の悪い者をどんどん解雇し、成績のいい者には大幅に給料を上げ、ボーナスも弾んだ。け り飛ばす一方、抱いてなでる。それが今日まで続く私のやり方だ。（中略）

辞めさせたい管理職には必ず事前に二、三回、個別面談し、私が何に不満かを伝え、ばん回のチャンスも与えた。業務報告のたびに私の意見をメモに書いて渡した。だから最後通告の時にショックを受けて取り乱す例はただの一件もなかった」（「日本経済新聞」２００1年10月14日）

＊　＊

「私の履歴書」に登場する経営者で「辞めさせたい管理職への対応」など本人のマイナスイメージとなる情報を具体的に記載する人はいませんでした。

ウェルチは信念をもってこのやり方をドライに進めますから、いっそう迫力があります。日米経営者の違いを痛感します。

10　店舗展開（小売業、サービス業）

ここでは、業種・業態を超えて多店舗展開をする経営者に登場を願い、その店舗経営の極意を集めました。

(1)「単品管理が基本」鈴木敏文（セブン&アイ・ホールディングス会長）の場合

鈴木はセブン‐イレブン・ジャパンを創設し、社長となり、平成4年（1992）、親会社のイトーヨーカ堂の社長にもなる。同17年（2005）セブン&アイ・ホールディングスを発足させ、コンビニ、スーパー、レストラン、銀行など7つの事業会社を統率している。

昭和7年（1932）長野県生まれの彼は、同31年（1956）に中央大学を卒業後、東京出版販売（現：トーハン）に入社する。6か月後に出版科学研究所に出向となる。そこで出版物に対するデータ収集と分析をやらされるが、ここで経営における2つの重要な視点を体得することができたという。それは統計学と心理学である。

データを作成する側を経験したことで、世間に出回るデータを見ても必ずしも鵜呑みにしない目が鍛えられ、ちょっとしたデータの変化にも突っ込んで考える習性を身につけた。

彼がのちに「現代の消費社会は経済学だけでなく心理学でとらえなければならない」と、心理学経営の重要性を唱えるのは、ここでの体験からである。

7年半の東販時代ののち、昭和38年（1963）に30歳でイトーヨーカ堂に入社。その11年後（1974）、セブン‐イレブン1号店が開店するが、売上げは大幅に増加しても在庫の山が原因で利益は出ない。

その原因は、商品の仕入れがロット単位であるため、よく売れるものはすぐ売り切れるが、あまり売れないサイズや商品はどんどん在庫が溜まるからだった。

彼はのちに、親会社のイトーヨーカ堂でも業務改革委員会を発足させた。「業革」と呼ばれるこのプロジェクトで徹底したのは、一つひとつの商品の売れ行きと在庫を管理する単品管理、特に「死に筋」商品の排除だった。

単品管理の重要性は、流通業だけでなくメーカーでも同じだが、彼はこの単品管理を全社に浸透させた苦労を、次のように語っている。

「『在庫のロスを減らせば利益は倍増する』。そう訴えて、不良在庫が利益を食いつぶす現状や、死に筋が滞留してチャンスロスを生じさせている現実を直視させようとした。だが、営業担当者たちは『在庫を減らすと売り上げが落ちる』『豊富な品ぞろえこそがスーパーの特徴だ』と、過去の経験から抜け出せない。『販売経験のない人間に何がわかる』とまたも反対された。このとき営業部門を統括する常務の森田兵三さんが、『この際実行してみよう』と後押ししてくれたのは心強かった。

人間は仕事の仕方を変えることに強く抵抗する。改革はむしろ経営破たんした時の方がやりやすく、まだ大丈夫だと思っているときが一番難しい」（「日本経済新聞」２００７年4月20日）

＊　＊

鈴木は「人間は仕事の仕方を変えることに強く抵抗する」と考え、コンビニ経営の店長募集にも「経験不問」としています。

過去の経験や成功体験が、かえって顧客データを重視する経営の障害になるためでした。情報技術の著しい発達により顧客データ、天気情報などあらゆるデータの収集が容易になっているので、変化の激しい今日、そのデータを素直に読み、取り組む必要があります。

(2)「店舗はフィロソフィーが重要」江頭匡一（ロイヤル創業者）の場合

ファミリーレストラン経営の草分け的存在である江頭は、大正12年（１９２３）福岡県に生まれる。昭和20年（１９４５）明治大学専門部を中退し、米軍基地でコック見習いを始める。22

年（1947）に米軍基地の指定商人になり、理髪店、自動車修理、写真現像などよろずや商売を始め、25年（1950）キルロイ特殊貿易（のちのロイヤル）を設立し、社長となる。27年（1952）ロイヤルベーカリーを設立すると、ベーカリー、レストラン、アイスクリームの3事業に拡張を行なう。その事業が順調に伸び始めたとき、脱税行為で摘発され追徴金と重加算税の支払いで頓挫するが、31年（1956）新生ロイヤルとして、ゼロから再出発する。

その後、昭和45年（1970）大阪万博の成功により、ロイヤルは九州地区から全国区の外食産業に乗り出す。事業も陸（自動車）、海（カーフェリー）、空（飛行機）の3分野で多角化を進め、工場建設やレストランの店舗展開も急拡大した。それは店舗の基本プランを、ロイヤルの名前にふさわしい一流の、アメリカの世界的なレストラン厨房設計者、スタン・エイブラスに依頼できたことだった。

江頭はこのエイブラスから店舗のコンセプトに対して重大な助言をもらい、以後、店舗づくりは最初にテーマとストーリーを考えてイメージを固め、料理や価格、数字や原価計算はあとまわしにして成功する。彼は当時を振り返り、次のように語っている。

「イメージをつかみたいと年明け早々来日した同氏との初めての打ち合わせの日、『まず、あなたが今度つくる店のフィロソフィー（哲学）は何か』と質問を受けた。当時の私には理解がつかず『哲学はない』と言うと、彼は手にしていた鉛筆をポンと投げだし、『やめた。オーナーの哲学がない店の設計は引き受けられない』と言った。びっくりして、『あなたの言うフィロソフィーとは何かを教えてくれ』と聞き返すと、彼は時間をかけて説明してくれた。

そして『日本の国際ハブ空港のメーンレストランということは、直行便で行けるロンドンやニューヨークの空港のメーンレストランと隣同士。そこに引けをとらない料理や店をつくる。これがあなたの一番大切にすべき哲学ではないですか』と言ってくれた。私は大変感銘を受け、それからは一つ覚えのように、『この店のフィロソフィーは何か』を考えるようになった」（『私の履歴書』経済人三十五巻　66～67P）

＊　＊

店舗は立地により、客層や品揃え、価格帯、サービス形態などが変わってきます。

その店舗単位の主張個性であるフィロソフィー（哲学）やコンセプト（基本的な概念）を明確にして店舗づくりを行なわないと、立地のよさや店舗の品質を発揮できないおそれがあります。

チェーン店舗の場合は統一イメージが大事ですが、店舗に個性をもたせる場合は、フィロソフィーやコンセプトが大切となります。

第二章　経営のヒント

1　経営の原点

経営の根幹には、経営理念や事業使命（ミッション）、事業の生存領域などがあり、企業はそれらを会社案内やインターネットの自社ホームページに書いて公表しています。

これらは、会社がどのような使命や目的で、どのような事業領域で、どのような形で経営していくかを内外のステークホルダー（株主、従業員、取引先などの利害関係者）に開示し、企業の存在意義と理解を求めるものです。

ここでは「経営の師」として、たくさんの財界人から崇められる松下幸之助をはじめ5人の経営者から、経営の原点として「どのような考え方が必要か」を披瀝してもらいます。

（1）「経営の哲学」松下幸之助（松下電産社長・相談役）の場合

松下は、「私の履歴書」に登場する経営者から最多の引き合いで名前が出てくるが（第四章、265P参照）、多くの人に経営についてわかり易く語り、多大の影響を与えている。

日本屈指の経営者として「経営の神様」とも呼ばれた松下だが、平和と幸福を求めるPHP（〝Peace and Happiness through Prosperity〟の頭文字。〝繁栄によって平和と幸福を〟という意味）による出版・普及活動や、松下政経塾の創立による有為な政治家の育成を図るなど、多方面で活躍した。

明治27年（1894）和歌山県に生まれ、9歳で大阪に出て自転車店で丁稚奉公を始めた松下は、その後、大阪電灯（現：関西電力）勤務を経て、大正7年（1918）に独立する。それが、松下電気器具製作所（のちの松下電器産業、現：パナソニック）である。創業者の松下が大阪電灯を退職し、義弟・井植歳男（のちに三洋電機を創業）らとソケット製造を開始したのが始まりだ。

松下電気器具製作所は昭和10年（1935）には株式会社に改組し、松下は「生産者の使命は、この世に物資を満たし、不自由をなくし貧しさを克服することにある」という、水道水にたとえた有名な〝水道哲学〟を提唱し、事業を繁栄させていった。

昭和38年（1963）には、ニューヨークで開かれた国際経営科学委員会（略称CIOS）に招かれ〝私の経営哲学〟と題し、世界の経済人に対して講演をしている。

ここで彼は、まず経営ということに触れ、「ケネディ大統領の行なうアメリカ国家の経営も、町の小さなドラッグストアの経営も、どちらも同じ経営である」という話から始めた。

国の経営の意図するところは、その国の発展、繁栄であり、また国民の幸せである。一方、ドラッグストアの経営は、顧客のためにいろいろ注意を払い、サービスを完全にすることである。どちらも本質的には同じような意図に立っているが、難しいのは、どうすれば国民を幸せにできるか、どうすれば顧客に対するサービスが適切に行なえるかということである、としている。

そして、経営者の哲学と経営理念の大切さを、次のように指摘している。

「そこで非常に大きな問題になってくるのが経営者ということである。すなわち、それぞれの経営体にふさわしい適切な経営者というものが要求されてくるのである。そしてその経営者に、最も大切なことは、自己評価ということである。（中略）

経営者の厳しい自己評価ということと合わせて、その経営理念がどこに置かれているかということになる。その理念が、単なる利害、単なる拡張というだけではいけない。それらのことが、いわば何が正しいかという人生観に立ち、かつ社会観、国家観、世界観さらには自然の摂理というところから芽生えてこなければならない」（『私の履歴書』経済人一巻　214P）

*　*

松下は今から50年も前（1963）の時点で、経営者は自然の摂理に合わせて自己を律し、自己の血肉と化した人生観、人間観、世界観をもった経営理念が大事だと説いています。それは、トップとして経営のグローバル化、民族や社会との共生を念頭に置き、トップの「ものの見方、考え方」がいかに大切かを教えてくれています。

この経営理念で経営を行なったため、早くからアメリカや中国など世界各地に進出することができ、現在のグローバル企業に大成長したのでした。

(2)「利用者の立場でものを考える」小倉昌男(ヤマト福祉財団理事長)の場合

小倉は、企業など法人対象の貨物輸送に見切りをつけ、家庭にいる個人対象の宅配便を開発する際、当時の運輸省や郵政省と闘った経済人として、また、引退後は福祉事業に尽力している信念の人として有名である。

大正13年(1924)東京都に生まれた小倉は、昭和22年(1947)に東京大学を卒業する。翌23年(1948)、家業の大和運輸(のちのヤマト運輸)に入社するが、創業者の父親が脳梗塞で倒れたため、昭和46年(1971)、46歳で大和運輸の2代目社長に就任した。

しかし、営業部長時代に、近距離・小口貨物輸送にこだわった父親を説得し、長距離・大口貨物に切り替えたが、経常利益率は下がる一方だった。加えて同48年(1973)の石油ショックで荷動きが急激に落ち、最悪な事態に追い込まれていた。

そこで抜本対策として「全国どこへでも、どんな量の荷物でも運べる会社」というコンセプトの運送会社像を模索していたところ、その第一のヒントを吉野家の牛丼商売に見出したという。

吉野家が、牛丼メニューを絞り込んで利益を増やしたことを大和運輸に置き換え、取扱荷物を絞り込むことに思い至ったのだ。

第二のヒントは、小口荷物を送る場合、当時の国鉄（現：ＪＲ）小荷物や郵便小包などは面倒で日数もかかり、特に主婦たちが不便な思いをしていたことだった。

第三のヒントは、日本航空が売り出していた「ジャルパック」である。航空券、市内観光など、旅行に必要なすべてをパッケージにし、誰でも安心して海外旅行ができるという、「旅行の商品化」だった。

小倉はこれらのヒントを総合的に考えたうえで、会社コンセプトを具体的な商品化計画にまとめ上げ、次のように解説してくれている。

「客は主婦だから、サービス内容は明快でなければならない。地域帯別の均一料金、荷造り不要、原則として翌日配達、全国どこでも受け取り、どこへでも運ぶ。目指すサービスの方向性が見えてきた。頭の中で商品化計画が固まっていくのは楽しかった。（中略）

宅急便の商品化計画で最も重視したのは、『利用者の立場でものを考える』ということだった。主婦の視点がいつも念頭にあった。

例えば、商業貨物では距離に比例して運賃が高くなっていくが、宅急便ではブロックごとに均一料金とした。東京から中国地方行きなら、岡山も広島も同じ料金。どちらが遠いのかなど主婦の関心事ではない。分かりやすさを最優先した。

山岳地帯や離島でも割増料金を取らないことにした。割り増しにしたら『ウチの親せきは好んで山や島に住んでいるわけではない』と不公平さを感じる主婦も出てくるだろう。コモンキャリアーを目指す以上、あまねく公平なサービスを提供するのが義務だと考えた」（『私の履歴書』経済人三十七巻　130、133P）

＊　＊

この、取扱商品の絞り込み方、窓口の至便さ、商品のパッケージ化、価格の単純化などは、顧客志向の好例です。会社都合（プロダクト・アウト）ではなく、市場ニーズを形成する顧客志向（マーケット・イン）を重要視したものです。

この事業コンセプトにより、小口宅配便は急成長する事業に育ったのでした。

(3)「社会が必要とする企業に」中内　㓛（ダイエー会長）の場合

中内はダイエーの創業者であり、ローソン、福岡ダイエーホークス、ホテル、流通科学大学、リクルートなど、ダイエーグループの総帥で、「流通王」「価格破壊者」「カリスマ」「流通の革命児」とも呼ばれた。

大正11年（1922）兵庫県生まれの中内は、昭和16年（1941）兵庫県立神戸高等商業学校（現：兵庫県立大学）を卒業する。翌17年（1942）日本綿花（現：ニチメン）に入社し、同18年（1943）陸軍に応召。

復員後の同20年（1945）、神戸三宮に薬局を設立するとともに、旧制神戸経済大学（現・神戸大学）に進学するが、中退。同32年（1957）大栄薬品工業（のちのダイエー）を設立し、社長となる。その直後「主婦の店ダイエー」1号店を出店する。

13人の社員とともに100平方メートル弱の店舗でスタートしたダイエーは、平成6年（1994）、創業から37年がかりで北海道から沖縄までをカバーする、日本初の全国チェーンとなる。

年間売上2兆5900億円、店舗数356店で、中内の永年の夢であったナショナルチェーン構想は実現した。これにより、彼は流通業の革命寵児としてもてはやされることになる。

しかし、日々の生活必需品を安心して買える社会をつくろうと決意し、「良い品をより安く、より豊かな社会を」の会社憲法を前面に打ち出した創業期には、経営の精神的拠り所を求めて苦しんでいた。社業は好調だったものの、昭和45年（1970）に会長を務めていた父親が亡くなり、相談相手を失って経営に対する進路に疑問を感じたからである。

「〝価格破壊者〟〝流通の革命児〟といわれていることが、果たして正しいことなのだろうか？」と、日夜悶々とする。そんなとき、精神的な救いを求めて、臨済宗妙心寺派の管長、山田無文老師を訪ねる。悩みを打ち明けた中内は、老師の次の説教で悟りを開く。当時を回想して、中内は次のように語っている。

「仕事の迷いや不安を話すと、老師は『大衆のためにという菩薩心から出発したから成功できたんや。スタートの気持ちを最後まで貫けば、いつ死んでもええはずや』と説教してくださった。酔いも手伝い、父の死後、頭を離れなかった迷いが少しずつ晴れるような気がした。『社会が必要とするなら、あんたの会社はおのずと残る』

極め付きのこの一言で、命ある限り自分の信じる道をひたすら歩む腹を決めた。まさに『不惜身命』の心境である」（『私の履歴書』経済人三十五巻　３６６Ｐ）

＊　＊

「価格破壊」を信条とする中内と「適正価格」が信条の松下幸之助との長年続いた「価格戦争」は有名な話ですが、お互いに流通業とメーカーの立場の違いによる経営と消費者に対する強い信念であるだけに、その妥協点を見つけるのは難しかったと思われます。

(4)「社会への貢献度が尺度」森　泰吉郎（森ビル社長）の場合

森は、大倉高等商業学校（現：東京経済大学）講師を経て、昭和7年（１９３２）京都高等蚕糸学校（現：京都工芸繊維大学）教授や、同21年（１９４６）横浜市立経済専門学校（現：横浜市立大学）教授を歴任する学者・教育者であった。

彼は森不動産を設立後に経営者となり、地価の高騰もあって、アメリカの『フォーブズ』誌の1991、92年の世界長者番付で世界一にランクされた。

明治37年（1904）東京都生まれの森は、小学校時代から家業である米屋や大家業を手伝っていた。そのため、小学校を卒業すると、どこに進学するか悩まずに、近くにある大倉高等商業学校に入学する。

商売の実践を家業で身につけながら、学校で商業の理論を学ぶことで、ますます商売が面白くなったという。

しかし、キリスト教の洗礼を受けたのち、不幸にも胸を患って1年間、療養生活を送ることになった。そのときに、キリスト教思想や左翼思想、夏目漱石、芥川龍之介など、自由主義思想の本を幅広く読書することができた。ところが、今まで何も疑いをもたなかった家業の商売に疑問が湧いてきた。

家賃という不労所得で成り立っている商売はブルジョアではないのか、社会的弱者を搾取しているのではないか、という気分になってきたのだ。

そこで、商業学校を卒業して米屋を継ぐことでは、男の生き方として小さいと感じ、東京商科大学（現：一橋大学）に進んだ。この大学でめぐり合った生涯の恩師・上田貞次郎教授によって、森の永年の思想的な悩みは解決された。森はそれを、次のように語っている。

「企業経営で利潤追求は必要条件ではあるが、もっと大事なのは社会に役に立って喜んでもらうことだ。その貢献度に応じて利潤を得られる。だから一生懸命がんばって大きな貢献ができれば、その結果として収入も増える。生活も豊かになり、社会的な名声も上がり、人間同士の関係も楽しくなる。これが上田先生の教えであり、森ビルの経営理念でもある。（中略）

僕の迷いをばっさり切ってくれる理論に巡りあえた思いがした。家賃収入という不労所得を得るのは社会悪だという考え方に対し、自分たちの事業に正当性を与えてくださった。イデオロギー的アレルギーから解放していただいた。（中略）

僕は、地上げは落語の『三方一両損』ではなく『三方一両得』でなくてはいけないとも思っている。権利者と開発業者の森ビル、地域という意味の公の三者がかなり得しなくては本当の地上げではないという考えだ」（『私の履歴書』経済人二十八巻　４２５、４４７Ｐ）

＊　＊

学者肌の森にとって、自分が納得した経営理念でなければ、事業やステークホルダーを引っ張っていくことは難しかったに違いありません。

その意味で、彼は事業の正当性を与えてくれた上田教授を生涯の恩師として仰いでいます。

ちなみに、ほかにも上田教授を恩師として仰ぐ人物に、キッコーマンの茂木啓三郎がいます（第四章、２７１Ｐ参照）。

（5）「商人の使命に徹する」出光佐三（出光興産社長）の場合

出光は、恩師の水島銕也・神戸高等商業学校（現：神戸大学）校長の影響で、社員を家族のように扱う大家族主義の経営方針を貫き、非上場の大会社として長く人員削減をしなかった。

明治18年（1885）福岡県に生まれた出光は、同42年（1909）神戸高商を卒業したが、周囲の非難をよそに、酒店の前垂れ掛けの丁稚奉公を始める。

しかし2年後、福岡の実家が破産、両親や兄弟の面倒を見る必要が出たため、門司に出て石油店を開業した。生業を石油に決めたのは、毎日需要のあるものにすべきだと考えたからだった。

しかし、彼が仕事を始めて6、7年目に「自分が油を高く売れば向こうが損をする、向こうが安く買えば自分が損をする」ことに対して疑問を感じ始めた。

その頃、第一次大戦が始まったため、彼は、戦争のため油が足りなくなることは必至であると思った。しかし、消費者はそこまでは思い至らない者が多く、出光はいまのうちに消費者に手当てをしておく必要があると思い、商売気を離れて油の用意をした。

その結果、彼の客だけは油が不足して仕事を休むようなことはなかったという。

ところが、ほかの事業会社では油が切れて事業を休んだところがたくさん出た。ただ客のために油を用意しただけだったので彼に儲けはなかったが、それが思わぬ結果となった。出光はそれを、商人の使命として次のように語っている。

「しかし戦争が済んだら、油は出光にまかせておけということになった。私は金はもうけなかったが得意先をもうけたのだ。これは大きな商売である。ここに商売人の使命ということを知ることができた。専門家として、油の需給状況を調べて消費者に知らせる、これは大きな私たちの使命である。生産者に消費の状態を知らせて生産者の向かう道を知らせる、これも使命である。商人にはそういった使命というものがあるということを知って、いままでおれがもうければ人が損をするというナゾが解けた」（『私の履歴書』経済人一巻　３３２Ｐ）

この「経営の原点」の項でわかることは、「企業は、社会からその存在価値を認められて、存続することができる」ということでしょう。

一時の利潤ではなく、長い目で見て商人の使命を果たすことで消費者に喜んでもらう商売ができれば、企業存続はできるという好例です。

2　優先順位

「株主」資本主義という考え方が優先された時期がありました。

企業経営者は経営において、企業の出資者である株主から見た収益の向上を何よりも優先させるべきであり、株主にとっての企業価値（株価）の最大化が企業経営者の最も重要な経営目標になる、という主張です。

そのため、経営者は短期的な業績向上に奔走し、平成二十年（２００８）のリーマン・ショックで世界中の企業が大打撃を被ることになったのです。

しかし、そんな社会現象の中でもアメリカのジョンソン・エンド・ジョンソンは、２００８年実績として、76年連続の増収、46年連続の増配を達成したと発表しました。その同社のＣＥＯは、「経営における優先順位は、損益計算書の順」を企業原則として守っているだけだといいます。

すなわち、**売上高**の顧客、**一般販売管理費**の中にある人件費の社員、**利益**に対する税金納付の社会還元、そして残った利益から**配当金**を支払う株主の順だというのです。

これと同じ優先順位で早くから日本で経営に取り組んだ人物が、伊藤雅俊でした。

(1)「経営における優先順位」伊藤雅俊(イトーヨーカ堂名誉会長)の場合

大正13年(1924)東京生まれの伊藤は、昭和19年(1944)横浜市立商業専門学校(現:横浜市立大学)を卒業し、三菱鉱業(現:三菱マテリアル)に入社するが、すぐ陸軍入隊となる。

戦後、三菱鉱業の職場に復帰するが、昭和21年(1946)家業の羊華堂《ようかどう》に入社する。同31年(1956)社長となり、チェーンストア制を進めながら、33年(1958)株式会社イトーヨーカ堂を設立。そして、49年(1974)に多角化の雄となるセブン‐イレブンの1号店を開店することになる。

伊藤は企業経営の順位を、イトーヨーカ堂時代初期の昭和43年(1968)に自分でつくった組織図に集約して社員に見せた。それは、一番上が客と接する「店舗」で、「社長」が一番下にくる、逆三角形の図だった。

オフィスの机の並べ方も、客、取引先のほうに顔を向け、管理職は一番うしろに位置しているものだった。伊藤はこの考え方を次のように説明し、周知徹底した。

「私は社是に掲げた言葉(私たちはお客さまに信頼される誠実な企業でありたい。私たちは社員に信頼される誠実な企業でありたい。私たちは取引先、株主、地域社会に信頼される誠実な企業でありたい）を繰り返し、念じ続けただけである。

お客様に信頼も満足もされない企業が満足に配当できるわけがない。株式上場後も、私の気持ちは、お客様、社員……の順で、株主は最後である」（『私の履歴書』経済人三十八巻　１９０〜１９１Ｐ）

＊　　＊

この企業原則は、１９６０年代に伊藤自身が考え出したものです。

それがセブン＆アイ・ホールディングスに受け継がれ、コンビニ、総合スーパー（ＧＭＳ）、百貨店、食品スーパー、フードサービス、金融サービス、ＩＴサービスなどの大事業群として成長しているのです。

今日までの企業発展に結びついていることを考えると、私はこの経営の順位の正しさと素晴らしさを感じます。

（2）「社内の重視順位」佐藤安弘（キリンビール相談役）の場合

世の中の社会情勢や経営の環境変化で、経営トップの優先順位は違ってくる。

石川島播磨重工業（ＩＨＩ）の田口連三社長は「営業の田口」の異名をとり、「他社商品との優劣はあまり変わらないのだから、社内で一番大事なのは営業力だ」と常に檄を飛ばしていた。ところが、次の真藤恒社長は理路整然と「技術さえすぐれていれば、先方は黙って応対してくれる」と反論していたと、後輩社長の稲葉興作は「私の履歴書」で語っている。

どちらの社長もすぐれた経営力を発揮したのだから正しいと思うが、一般的には「販売の○○」と「技術の○○」を標榜して営業している場合、「販売の○○」という会社のほうが成長してきた傾向があるようだ。

キリンビールの佐藤安弘（前出第一章41Ｐ）は、長らく傍流部門を経験したのち、社長となり、苦労の末、発泡酒、缶チューハイ、ウイスキーの投入など、総合化戦略で市場シェアの低迷を食い止め、上昇気流に乗せたことで高く評価されている。

その彼が、自分の役員退任挨拶で社員に再確認を求めたのは、「売上げを上げないと利益を上げられない」という観点に立った、社内における重視順位だった。

「最後の取締役会では『会社で一番大事なのは営業だ』と強調した。二番が製造で、私が長く携わった経理など間接部門はその次である。ビール会社はどぶ板踏んで一本一本売って歩くのが基本であり、販売できなければ生産してもしょうがない。こうした自覚があれば、間接部門もおのずと少数精鋭になるはずだ」（「日本経済新聞」２００５年9月30日）

メーカーの場合、プロフィットセンターと呼ばれる利益を上げる部門は、営業、購買、生産などですが、営業部門が売りを上げなければ、他の部門もその能力を発揮できません。企業は売上げを上げ黒字化して納税しなければ、社会的に評価されません。この点を社員にあえて鋭く社内重視順位で指摘し、注意を喚起したものといえるでしょう。

＊　＊

ここでは、「私の履歴書」から「優先順位」について述べているものを紹介しました。

優先順位には、経営の順位、社内職能の順位、仕事の順位などがあり、それをトップが明確化することで社員が共有でき、企業の羅針盤として働くエネルギーにつながっていることがわかります。

ヤマト運輸の小倉昌男は「私の履歴書」のなかで、「出向先の運送現場には『能率向上』の貼り紙はあっても『安全・第一、能率向上・第二』はなかった。この職場で運転事故が多発するのを見て、『安全・第一、能率向上・第二』と明確に順位づけ、周知徹底を図り事故を激減させた」と職場の重視順位についても言及しています。

市場環境や職場環境によってその順位が変わることがありますが、この順位明示も経営トップの重要な仕事になります。

3　事業選別の方法

(1) ジャック・ウェルチ(GE前会長)の場合

前出(第一章98P)のウェルチは、昭和56年(1981)に46歳で社員40万人の大企業のトップになると、ただちに大胆な事業再編を進め、発電、ジェットエンジン、医療機器、放送、金融サービスなど、戦略的に重要な部門を重視する総合企業に変身させた。

社長就任当時はアジアからの脅威がヒタヒタと押し寄せ、ラジオ、カメラ、テレビ、鉄鋼、造船、そして自動車と次々に市場を奪われ始めていた。GEには家電製品など価格競争力の弱い部門がいくつもあったので、長期的に競争に勝てる見込みのない事業は撤退することに決めた。

なかでも1982年半ばに従業員2300人を抱えるエアコン事業を業界トップの家電メーカーに売却したときは、GEでも大騒ぎになった。家電部門の主力工場で製造していたが、市場シェアが10%しかなく、利益率も低かった。

特にエアコンは、取り付け業者の工事がいい加減だったり、委託業者のアフターサービスが不十分だったりで、苦情が直接ＧＥに来ることが多かったからだ。この事業選別の具体策は、ウェルチの経験とピーター・ドラッカー理論との合一で生まれたものだが、ウェルチは当時を述懐して次のように語っている。

「ドラッカー氏には非常に厳しい質問を突きつけられた。『この事業をこれまでやっていないとしたら、今日これから新しく参入したいとおもうか』。答えがノーなら『では、この事業をどうする』だ。単純な質問だが、それだけ底の深い質問だ。私の答えは『直すか、売るか、閉じるか』の選択しかない。（中略）

私はこの『一、二位』理論を説き続け、最初の二年間に七十一事業の生産ラインを売り、五億ドルの売却益を得た。どれも規模は小さいが、社内の意識を変える効果は大きかった」（「日本経済新聞」２００１年10月23日）

＊　＊

１９８０年代にウェルチが事業の「一、二位」理論を実践・断行し、ＧＥを大躍進させました。90年代には日本企業がバブル崩壊期に突入し、低迷していたため、この理論と「選択と集中」理論が日本でも大きく採用され、事業のリストラクチャリングを行なうことになります。

ウェルチのこの理論は、全世界に大きな影響を与えることになったのです。

4　M&A（企業の合併と買収）

M&Aのメリットは、企業が多角化を進める場合でも、現在の中核事業の販路開拓や原材料調達の拡充、新技術の取得などが目的の場合でも、蓄積した手元資金を使って資本参加すれば時間節約で経営資源を増加させ、企業価値を高められることです。

一方、デメリットは、企業風土が異なる企業同士を融合させるため、お互いの信頼関係を築くまでに時間がかかり、期待した融合結果がなかなか出ないことでしょう。

時間がかかるのは仕方がないにしても、最悪の場合には有能な人材の退職や優良な得意先まで失ってしまい、1+1=2になるどころか、マイナスになってしまうケースも散見されます。

ここでは、M&Aのタフな交渉で成功した事例と、注意しなければいけない事例を採り上げました。

（1）「外国企業とのタフな交渉」金川千尋（信越化学社長）の場合

金川が社長を兼務しているアメリカの子会社シンテックは、平成19年（2007）12月期決算の売上げが2300億円、純利益230億円、社員数は約230人で、うち工場が約200人、営業担当はわずか8人である。

そのうえ、専門の財務担当者はいない。金川の秘書を務めるアメリカ人女性は、売上代金を回収する仕事も兼務しているという。一人当たりの純利益が1億円という、すばらしい利益世界一企業である。

金川は昭和元年（1926）韓国で生まれ、同25年（1950）東京大学を卒業後、極東物産（現：三井物産）に入社する。この商社勤めを12年続け、信越化学に転職。その主な理由は、商社では販売する商品の品質に対する最終責任をもてないことだった。

メーカーの信越化学に入り、海外事業部で活躍する。ここで、生涯の恩師として尊敬する小田切新太郎社長の信頼を得て大活躍し、抜擢の社長就任につながった。

金川を大きく成長させ、国内外で評価されるようになった転機は、アメリカのロビンテック社の子会社、塩化ビニール製造・販売のシンテック社のＭ＆Ａであり、その後の卓越した同社経営手腕である。

そして当初のM&A交渉でシンテックに50%出資したあと、ロビンテックから要請された残りの50%を買い取り、完全子会社化して収益力世界一の優良企業につくりあげたからだ。

このM&A交渉は信越化学にも彼にとっても命運を決するものだったが、交渉成功には、金川の交渉能力、語学力、胆力などのほか、彼に対する小田切社長の全面的支援があり、金川はそれを今もって感謝しているという。

交渉の席上で、相手方CEOの恫喝的な逆提案には驚いたものの、金川は外国との交渉にはこういう場面はよくあることだとし、それを次のように語っている。

「ロビンテックが信越化学にシンテック株五〇%の買い取りを求めてきた。そこで、信越化学の取締役になっていた私が交渉の責任者になった。

当初、ロビンテックが希望した売却金額は当社の購入希望額のほぼ倍近く、交渉は難航した。まだM&A（企業の合併・買収）の経験がなかった私には未知の世界だったが、弁護士と公認会計士に一つ一つ確かめながら、粘り強く話し合いを続けた。

交渉中、コーベットCEOが突然立ち上がり、『我が社は今日の午後、信越化学の銀行口座に買収資金を振り込む。交渉はこれで終わりだ』と叫んだこともあった。一瞬、何のことだか分からなかったが、『シンテック株をそんなに安く評価するのなら、こちらが逆に買ってもいいぞ』という意味だったらしい。

交渉の駆け引きだが、私もそんなことでは動じない。ビジネスで世界中を歩き、修羅場をくぐり抜けてきたという自負がある。相手が米国企業であっても『アメリカが何だ。私の相手は世界だ』という思いがあった。

シンテック株の買い取り交渉は七六年に決着した。信越化学の買収金額は一千万ドルで、円換算では約三十億円。今見ると小さな金額のようだが、信越化学の当初利益は七六年五月期決算で十二億七千万円弱にすぎず、当時の我が社にとっては社運をかけた大型買収だった」（「日本経済新聞」２００６年5月21日）

＊　＊

このM&Aには後日談があります。

金川は、「買収先企業の売上を常に確実にしておくことが経営の要諦」とし、M&Aの交渉期間中から、その企業の取引先や従業員への信頼関係を築いていたことでした。

優良な取引先には直接訪問し、誠実な話し合いで業務の継続を確認し、従業員には「解雇は絶対しない」として信頼関係を築いていたのです。

シンテックの経営が順調に伸びていったのも、買収後の経営が安定するよう、事前にリスク回避に手を打っていたからでした。

(2)「一定の節度が必要」砂野　仁（川崎重工社長）の場合

砂野は川崎造船所、川崎航空機、川崎重工業の川崎系3社の合併を果たした人物として記憶されている。

砂野は明治32年（1899）京都府生まれで、大正15年（1926）一月に京都大学を卒業する。翌昭和2年（1927）川崎造船所に入社し、労務畑を歩むが、同17年（1942）、川崎航空機に転出。

同34年（1959）川崎重工業に専務で復帰したのち、同36年（1961）に社長に就任するが、その前後に3回合併に失敗したことを悔やんでいた。しかし、翌37年（1962）ごろから海運市況も立ち直り、内外船主の新型造船意欲が急に盛り上がってきたため、失敗の教訓を活かして新造船所の建設や合併の推進などを行ない、大きく業績を伸ばすことができた。

M&Aは事業の強化や補完を短期に成し遂げるので便利だが、両刃の剣でもある。昭和14年（1939）に山下汽船が大阪商船と組んで、川崎造船所の株式を取得し、「日本の海運界に君臨せん」と企てたことがあった。

そのとき、砂野は川崎造船所にいて、当時の幹部と一緒に猛反対の運動を起こし、最終的には白紙に戻した苦い経験もしている。

その際、砂野が痛感したのは、合併の成否は幹部の十分な了解とともに、従業員がこれを支持するか否かにかかっており、無理すれば人心の荒廃を招き、必ず不測の災厄が生ずることであった。

彼は、M&Aが終わったあとの企業価値を考えて、被買収企業の財産価値（経営資源）を減じないように配慮した、節度ある行動が望まれると、次のように語っている。

「当時は株式を保有すれば当然経営権は移転するというのが常識であり、買占め側にも他意はなかったと思うけれども、時まさに臨戦体制下であり、川重側の再三の買戻し希望を無視して事を行なわんとしたところに無理があり、不純さがあった。当時の前社長、平生釟三郎さんなども理性の人であったから株式を取られてしまったのでは仕方がないとあきらめておられたようであった。

私がここに、この不快な記憶を書きとどめんとする理由は、いかなる時代であっても経営権を取得するには一定の節度があり、権力にものをいわせて無理押しするがごとき手段ではとうてい成功しないし、また一時成功したとしても長い目で見れば不成功であることを、人々に知ってもらいたいためである」（『私の履歴書』経済人十二巻　306P）

＊　　　＊

最近の内外のM&Aを見ると、ライブドアによるニッポン放送の株式取得、外資ファンドによる小糸製作所、カゴメ、アデランス、サッポロビールなどの事例がありました。

資本の論理だけで合併を進めようとする風潮もありますが、砂野の発言はこれに警鐘を鳴らすものでしょう。

幾多のM&Aを成功させ、日本電産グループ企業を成長させ続けている永守重信社長のような例もありますから、これを成功させるのは最終的には「トップの経営力」につきます。

しかし、M&Aは買収後に被買収企業の財産価値（経営資源）を減じないよう配慮した友好的なM&A交渉が望まれます。

5　2代目の心得

創業者が父親で、その事業を立派に引き継ぐことを期待された2代目は、自分が学校で受けた教育と父親の経営方針や方策とが違っていることに困惑します。前近代的な経営ならば、なおさらでしょう。

企業は社会の公器として、「社会に貢献するよい会社を目指す」という目標は同じですが、親子の育った境遇の違いから、採るべき方針や方策の優先順位が違ってきます。そこに親子の対立が生まれ、社内には人心の動揺が起こります。

創業者の父親の立場から、立花証券の石井久会長は、「2代目は守一辺倒でよい。それに専念すれば没落することはない。そのためには人心を掌握して会社の内部を固めること。それが2代目の務めだ」と「私の履歴書」に書いています。

ここでは、2代目の立場から、父親の経営に反発をしながらもこれを克服した2例と、役割分担でスムーズな引き継ぎを果たした2例を紹介します。

(1)「武田勝頼にはなるな」梁瀬次郎(ヤナセ社長)の場合

梁瀬はヤナセを外国車輸入の最大手企業に育て上げ、日本テレビジョンも設立し、動画製作にも尽力した人物である。

大正5年(1916)東京都生まれの彼は、昭和14年(1939)に慶應大学を卒業し、父の経営する梁瀬自動車工業に入社する。梁瀬の父親は、先祖が甲州・武田信玄に仕えた士族出身で、アイデア・マンでもあり強大な指導力をもち、家庭内でも帝王だった。

生まれつき病弱で吃音だった次郎に対し、「できそこない。おまえは武田勝頼以下だ」と決めつけ、ことごとくつらく当たった。そして、彼の社長就任に最後までためらい、経営戦略をめぐっては絶えず対立し、父親が息子の彼に対し何度も「社長解任」の辞令を出した。

このような環境のため、彼は武田勝頼に対する好奇心も強まり、勝頼に関する書物を読み漁り、さまざまな教訓を得ることができた。それは、勝頼は人並み以上の能力があり、素質は十分あったが、父のあまりの偉大さを常に大きな負担に感じ、信玄の死後、部下の信望を得ようとあせって無謀な戦を挑んだ。そのため、37歳の若さで天目山の露と消えてしまったという教訓である。

そこで「父に負けまいとあせるのは危険」「コツコツ努力するのが2代目の道」と悟り、入社第一歩を修理工場のナッパ服勤務からスタートし、初めて自動車を売ったのは10年目という遠回りの道を選んだ。後年、彼は2代目への助言を次のように述べている。

「二代目が責任を与えられた時、心がけるべきは何といっても、その立場に生まれたという感謝の気持ちを持つことだ。そして人にほめられたいと、力以上のよい格好を見せるのも慎むべきだ。これは、私が武田勝頼〝兄貴〟から得た二代目経営者への教訓である。

経営者が一番身につけなければならないのは、徳であり、徳のない人は経営者になることはできない。徳とは思いやりの気持ちと、自分自身の感謝の気持ちが生み出すものだ」（『私の履歴書』経済人二十三巻　76～77P）

＊　＊

梁瀬ほど父親の経営方針に反発し、それを正直に「私の履歴書」で告白しているのも珍しい。

2代目経営者の苦労や難しさをよくわかっている彼が、「私の履歴書」掲載の最終回に2代目に贈った、心すべき留意事項がこの引用箇所でした。

(2)「親子のきずなの認識を」湯浅佑一(湯浅電池・商事社長)の場合

湯浅は、明治39年(1906)京都府に生まれ、京都帝国大学に入学するが、昭和5年(1930)実家の危機に際し中退し、家業の湯浅七左衛門商店(湯浅金物、現:ユアサ商事)に月給20円の見習い生として就職する。

まず、青年店員を集め「啓発会」をつくり、「○○どん」という呼称をやめさせ、日曜、祝祭日の休日を実施するなど、社内改革を推し進めた。

旧家のしきたりを重んずる両親とは対立するが、その反対を押し切って結婚もし、妻と一緒にキリスト教の洗礼も受ける。

また、世田谷に会社の独身寮を造り、人材を育てるため、自らは舎監となり、妻を寮母として青年たちと話し合いを続けた。昼は副社長、夜は舎監として、24時間体制で青年たちと話し合いを行なったことなどで過労がたたり、ついに入院することになった。そのとき、父親の怒りが爆発した。

昭和16年(1941)3月16日、入院中の彼に内容証明付きの速達書留が届く。その内容は

「湯浅金物副社長罷免、株主権剝奪」とともに「湯浅寮閉鎖及び売却処分と寮生47名の解雇」を告げる、驚くべきものだった。

さらに、社長・副社長制を廃して専務制とし、父親は相談役として実権を振るう、また別に湯浅総事務所を創設して父親が家長として君臨する体制にした。それは、彼にとって父親からの強烈なしっぺ返しであった。

しかし湯浅は、健康を回復したあと、湯浅電池で再び専務兼舎監として日夜努力を続けた結果、生産量4倍半の実績を上げて会社に多大の貢献を果たし、病床の父親からもようやくその実力が認められた。後年、その苦しかった当時を振り返って、次のように助言している。

「家業の近代化に大きい貢献をした父だが、私の理想主義と相いれなかったのは前に述べた通りである。四人の子供のうち、ただ一人生き残った長男の私を入院中に罷免するほどのことをした父は、私が相変わらず主張を貫いて世に認められていくのを、どんな思いでみていただろうか。恐らく病床の父の胸には、無量の感慨が去来したに違いない。

親を見返してやろうと、精一杯がんばってきた私も、父の死で心の張りを失い、あらためて父子のきずなの強さに思い至ったのである」(『私の履歴書』経済人十九巻　３３０Ｐ)

＊　＊

38歳の彼が健康回復後に気を取り直し、勤労部長・青年学校長など人間相手の困難な仕事にも人一倍誠意をもって取り組み、人心の掌握と社内融和に成功したのでした。

これも「父親に負けまい」という、親子の絆の強さゆえのガンバリと言えるのではないでしょうか。

しかし、湯浅が過労入院したとき、父親は彼の経営方針を全否定しました。そのときの彼の挫折感は、晩年の病床にあった父親と同じかもしれません。父親の場合は、寂寥感も感じます。

(3)「自然体で環境変化に対応を」水野健次郎(美津濃社長)の場合

水野は大正2年(1913)大阪府に生まれ、昭和11年(1936)大阪大学を卒業し、古河電工の子会社・大日電線に入社した。そして同17年(1942)、家業の美津濃商店に入社する。

その水野が七年制の甲南高校で四年間の尋常科を終え、高等科に進級するときのことである。理科と文科のいずれかを選択しなければならない。

父親からは、いずれ2代目を継ぐのだから文科に進むように言われていたが、水野は理科を選びたいと考えていた。

その頃、父親は長期の欧米旅行に出かけ、ドイツの見本市会場でヨーロッパの技術が想像以上に進んでいるのを見た。「これからは運動用品を作るにも科学的知識を身につけておくことが大切」と判断し、息子の理科選択を許してくれたという。

この判断は正しかった。水野が炭素繊維のゴルフ用品や合板製のスキー用品、野球のバットやテニスラケットなど、次々と新素材を用いて開発を進め、事業拡大を成し遂げることができたからだ。

水野は父親のよき指導もあって、役割分担で大きく事業を伸ばすことができたが、2代目として、心して事業に取り組んだ考えを次のように助言している。

「父は国内に総合スポーツ用品メーカーとしての大きな足跡を残した。この分野で、私は父を抜くことはほとんど不可能に近い。私は、海外に目を向けた。まずＣＩ（コーポレート・アイデンティティー）の導入から始めた。そしてＴＱＣの実践、商品力の強化、社内の活性化と、次々に展開した。（中略）

経営トップは、気概だけの硬直姿勢では、経済の激流に押し流されてしまう。いかなる変化にも対応できる柔軟性を現代ほど求められる時代はないと思う。私は常に『自然体』を心にとどめてきた。二代目経営者としての大事な心得だと信じている。

私は科学の目でスポーツ用品の創造と改良に取組んできた。微力だが、戦後のめざましいスポーツの開花に、いささかの貢献をしたと思っている」（『私の履歴書』経済人二十五巻　１６２～１６３Ｐ）

＊　　　　＊

世の中が進歩するにつれ、消費者ニーズも市場も変化します。今までの品揃え、販売経路、商品の素材なども常に見直し、改善していかなければなりません。しかし、水野は父親が担当する商品には手を出さず、会社のＣＩやＴＱＣなどから始め、商品力の強化へと段階的に取り組んでいったのです。

これにより、父の経営と彼の新規経営の融和がスムーズに行なわれたと思われます。

(4)「父が正、私が反ならば合」黒田暲之助（コクヨ会長）の場合

黒田は、先代の父親が、他人から事務用品の商売を「滓《かす》の商売と思いなはれや」と言われたのを受け継いだ。その滓の商品を大切にして、時代の変化に立ち遅れないように努め、事務用品のＯＡ化、情報関連製品の総合メーカーへの道を切り開いたのだった。

彼は大正５年（１９１６）大阪府に生まれ、昭和15年（１９４０）慶應高等部を卒業し、家業の黒田国光堂（現：コクヨ）に入社する。

黒田は物心ついたときから、家長として、店の主人としての威厳に満ちた父親の姿に接していた。「ボン」と呼ばれながらも、いったん仕事が始まると「邪魔や、どけ」と怒鳴られる戦場のような店の中に身を置き、商売の激しさ・厳しさを体験しながら育ったという。

ところが、昭和35年（１９６０）、44歳で社長に就任した披露パーティで、父親はその出席者

に向かって次のような前代未聞の挨拶をする。

「世間では往々にして、後継社長を浅学菲才、至らぬ者と紹介されることが多いと存じます。しかし暲之助は、わが子ながら、誰よりも後事を託するにふさわしい人間です」と紹介したのだった。

黒田はこの言葉に発奮して父親の期待に応えるが、後年、父親との関係を次のように語っている。

「後半は、父の魂が乗り移って、私を駆り立てるような毎日だった。『こんな時代、先代ならどうしただろうか』と自問しながら事に当たったことが何度となくあった。父を『正』、私を『反』とするならば『合』の形でひとつの新しい人格が生まれた――と言えるだろうか。私の人生は良くも悪くも、父との相克と受容の歴史なのかもしれない。（中略）

しかし、あえて言えば、二代目は創業者以上に大変である。ことあるごとに比較される。企業を発展させて当然という周囲の目もある。三代目はもっと苦労するだろう。戦後生まれの企業で、二代目として活躍されている方は、その難しさを身をもって感じておられることだろう」

（『私の履歴書』経済人二十四巻　117P）

＊　　＊

黒田の父の挨拶箇所を読み、父子の心中を推し量ると目頭が熱くなりますが、父親が息子に贈る最高の賛辞だと感じ入りました。

それまで強い相克があったあとに生まれた、親子の信頼関係です。これほどまでに父親を喜ばせた、経営者としての息子の成長は、最高の親孝行でもあるでしょう。


この項では、一般では分からない2代目のプレッシャーや苦労がよく分かります。

創業者が2代目の息子に社長を譲るとき、息子が若く30歳代であれば、「少なくとも5年間は新規事業に手をつけるな。その間、社内の経営資源をよく見、取引先との信頼関係を築け」と厳命する場合が多いでしょう。

親子が長く一緒に経営にあたっている場合は、この言葉は不要になります。

しかし、現在はグローバル化が進み、市場の変化が激しいため、その対応が遅れると企業淘汰されてしまいます。それだけ、経営者にはすぐれたリーダーシップと経営能力が求められているため、順調に2代目に経営を引き継がせる、ということは今日難しくなっているようです。

6　退任後

功成り名を遂げた経営者は一様に、「引き際はきれいに」と思っていると同時に、「晩節を汚したくない」とも思っているはずです。

そのためにも「自分で進退は決断しなければいけない」ということでしょう。しかし、その会社で実績を上げ、多大な貢献をした人物ほど、取り巻き役員や友人から「まだ早い、あなたがいなくなったらあとはどうなるのか」と言われ、決断が鈍り未練を感じてしまいます。

武田薬品の武田國男は、社長に就任して10年後、後継社長に道を譲り、経営の第一線から退き会長になります。いままで経営の相談に来ていた幹部がいっせいに新社長に相談に行くのを見るにつけ疎外感を感じ、寂しさを感じたと正直に書いています。

それでも「会長が経営に口をはさむことは罪悪」という思いは強く、相談役にも顧問にも就かず、すっぱりと会社と一線を引いた見事さが印象に残ります。

ここでは、経営者の「引き際」の心の変遷の一例を紹介したいと思います。

（1）「老害の教訓から」小倉昌男（ヤマト福祉財団理事長）の場合

ヤマト運輸創業50周年に当たる昭和42年（1967）の7月、前述した小倉（第二章109P）の父親である社長が脳梗塞で倒れた。30歳の誕生日に会社を創設した父親は、「傘寿（80歳）の祝いと50周年式典を同時にやる」と豪語していたが、半身不随になり、執務も不本意になった。

以後、父親は病院で療養生活に入ったが、社長の座にはとどまっていた。小倉は毎週土曜日、遠く離れた県の病院に決裁書類を持っていかなければならなかったという。そのため「トップが長く居座ると〝老害〟になる」という教訓を学んだが、肉親の情もある。かわいそうで、「もう辞めたらどうですか」とは言えなかったのである。

そして、昭和46年（1971）、車いす生活を余儀なくされていた父親に代わり、小倉は46歳で2代目社長となった。その後、会社は順調に業績を伸ばし、小倉も会長、相談役として、経営から徐々に身を引いていった。

ところがその後、経営がおかしくなり、平成5年（1993）6月、「2年限り」と宣言して会長に復帰、順調に再建を果たす。

約束の2年を終えたあと、小倉は取締役に残るべきか迷った。いざというときのため役員会で発言できる権限を残す、という考えに傾きつつあったが、同時にある場面を思い出していた。

「二代あとの社長である宮内宏二君が一期終えた時のこと。彼に『大変良くやっている。もっと自信を持って指揮をとったらどうか』と声をかけた。すると宮内君は『役員会で皆が誰の顔を見ているかご存じですか』と言う。『社長である君だろう』と答えると『違います。皆が小倉さんの顔を見ていることに気づきませんか』。

はっとした。役員会で発言しない取締役に不満を持っていたが、実は自分の存在がマイナスになっていたのか。この場面がよみがえったので、進退は決まった。すっぱり辞めよう。九五年六月、ヤマト運輸の一切の役職から離れた」(『私の履歴書』経済人三十七巻　149～150P)

＊　＊

一般的には、会社に多大に貢献した有名な経営者ほど、肩書がなく秘書や社有車のない生活に強い寂寥感を感じるといわれます。

小倉は最初に会長になったとき、マスコミから「院政を敷くのではないか」と言われ、「そんなことはいっさいない」と否定しています。

「残るか否か」の決断に迷っていたとき、この宮内の一言で自分の存在自体が「老害」と気づき、以後、福祉事業に専念することになったのです。

進退に関する自分の恥を、正直に告白してくれた「私の履歴書」でした。

7　欧米経営者との違い

「私の履歴書」を読んでいて、欧米経営者と日本人経営者の決定的な違いを3つ感じました。

1つは、欧米の経営者には「自分がトップだ」という強烈な自意識、自負心があり、「自分がやる以上、絶対に成功させる、競争相手に勝つ」という意欲があり、果敢に挑戦する姿勢をもっていることです。そのため、異論のある役員や社員は排除します。

2つ目は、勝つための条件として手持ちの資産である人材をフル活用し、いかに組織を活性化させるかに心血を注ぎ、現場指揮官となるリーダーの育成に多大な情熱を傾けている点です。

3つ目は、後継者の選考には5、6年の歳月をかけ、社外取締役からなる選考委員会で絞り込み、自分が最終決定するというやり方をしていることです。こうすると、社外取締役の第三者的な評価にも耐えうる、能力のある人材でないと選ばれないことになります。

日本の大企業では、年功序列主義組織の中で、下から徐々に経験を積み、上から引き立てられ、ある時期から「社長候補」と自他共に認める形でトップになる人が多い。

そうしたトップは、事業の継続性、一貫性を重んじて前任者の決定を覆すことはきわめて難しくなります。

しかし、最近は日本でもグローバル化が進んできているため、社外から取締役を選考する会社も増えてきており、時代の流れを感じさせます。

ここでは外国の２人の経営者の経営観と、外国企業をよく知る２人の日本人経営者の証言を紹介します。

(1)「管理職には厳しさと愛情を」ジャック・ウェルチ（GE前会長）の場合

前出（第一章98Ｐ）のウェルチは会長時代、冷戦時代末期（１９８０年代）のアメリカにおける整理解雇ブームを惹き起こした人物としても有名である。

会社を守り、人材を守らないことから「建物を壊さずに人間のみを殺す中性子爆弾」の特性になぞらえ、「ニュートロン・ジャック」と綽名されたこともある。彼は、この評価方式を次のように説明している。

「そこでわれわれが考案したのが『バイタリティー・カーブ』（活性化曲線）で毎年、全事業部門、全職場で、管理職が部下の総合評価を下す方式だ。部員の二割を指導力のあるトップＡ、七割を必須の中間層のＢ、残る一割を劣るＣに位置付け、Ｃの人には辞めてもらうか、別の部署に配置転換する。この評価は必ず昇進、昇給、ストックオプションに見合わせる。ＡはＢより昇給額が二、三倍多く、Cは昇給ゼロとする。

管理職も一年目はCを選ぶのも簡単だが、二年目には困難で、三年目には戦争となる。部下をランク付けできない管理職は本人が上司からCにランクされる。Aの人に会社を辞められるのは重大な損失であり、上司の管理職の評価に響く。

Cを追放することを冷酷無残だと考える人もいるが、実は全く逆だ。本人が成長もせず、豊かにもならないまま放置しておくことこそ『偽りの親切』で残酷だ。長い間、表面上を取り繕って平等に扱い、中高年になってから『君は要らない』と放り出す方がはるかに冷酷だ」(「日本経済新聞」2001年10月25日)

＊　　＊

日本では一般に、従業員の業績などの評価を正規分布した緩やかな放物曲線をもとにABCのランクを付けて評価する方法がよく採用されています。この場合、全体をA20％、B60％、C20％と分け、上位の賞与支給額を多くするなどとしています。

しかし、このウェルチ流評価の方法を読み、私自身が管理職時代にこのような基準で部下を評価し、役付役員になっても同じような評価と実行をトップから強要された場合、果たして最後まで忠実に実行できただろうか……と考えてしまいます。

ウェルチのようにドラスティックな人事評価や経営改革を行なう勇気と、深い思いやりある厳しさはうらやましく思う一方、経団連の平岩外四元会長が愛した「強くなければ生きていけない。優しくなければ生きている資格などない」（ハードボイルド作家、レイモンド・チャンドラーの言葉）は、けだし名言であると思いました。

経営者は、精神的にも肉体的にもタフでなければ生きていけません。しかし、外国と日本の企業経営者には大きな違いがあると思わされてしまいます。

後継者の選択方法

勇退を決意したジャック・ウェルチが後継者に誰を選ぶか……。ＣＥＯ最大の課題だった。レグ・ジョーンズＧＥ前会長が、昭和54年（１９７９）1月から2年かけてウェルチを後継者に選んだが、その間、ウェルチは直接前会長からインタビューを何度か受け、「ＧＥの課題」や「その解決策」など、資質を試される質問を数多く投げかけられた。

前会長は並行してほかの候補者にも同じように質問を繰り返しながら、それぞれの長所や短所、知性、指導力、人格的な信頼性、それに外部でのイメージなども聴取した。そして誰が誰とウマが合うかも知りたがり、各自の回答を求めた。

ウェルチはこのときの経験を活かし、自分が20世紀を締めくくり、新会長が新世紀の門出を担うことを想定し、平成6年（１９９４）春から、次のＣＥＯ選びに取り組み、6年かかって１人に絞り込んだ。

後継者は最低10年間は務めることを前提に、交通事故などの緊急事態が発生した場合に誰がふさわしいかというリストをつくった。最初に挙げたのが23人。全事業部門の優秀な人材を網羅し、最年少が36歳、最年長が58歳だった。その全員について、２０００年までにどんな仕事をしてもらうべきかを考え、特に若い人には国際的に活躍する場を設定した。

ウェルチが後継ＣＥＯ候補として重視した資質は、

①常に何を求めているか首尾一貫していること
②形式張らずに自由で気楽な雰囲気をつくれること
③傲慢《ごうまん》と自信の違いを知っていること
④人が第一、戦略は二の次と心得ていること
⑤実力主義で明確に差別待遇できること
⑥現場主義者であること

の6点で、厳しく人選を行なったという。そして社外重役を中心とする経営開発委員会に、次のように委ねた。

「経営開発委員会に『理想のＣＥＯ』の条件と候補名を示し、以後、二十三人の人事異動はすべてＣＥＯに足る人物かどうかをテストする形で行なった。毎年六月、十二月の経営開発委員会にはその結果を報告した。社外重役たちが候補者たちと接する機会として四月、七月にはゴルフ・コンペやテニス大会を開き、夫婦同伴のクリスマス・パーティも催した。九八年六月に候補

を八人に絞り、同年末には最後の三人にまで絞った。（中略）
そして、私はジェフ・イルメイトを選んだ」（「日本経済新聞」２００1年10月30日）

＊　＊

一般的に、日本の社長在任期間は長くて３期（６年間）です。順調に業績を伸ばすことができれば、代表権をもった会長として2期または３期まで会社にとどまり、経営にタッチすることになります。

しかし、役割分担で経営の執行は社長に任せ、会長は財界活動や業界団体活動に軸足を移していきます。ところが外国の場合、ＣＥＯは社長兼会長で経営の全責任を負い、経営も業界団体活動もすべて担当するのです。

そのため、後継社長は少なくとも10年以上担当できるタフな精神と肉体をもち、有能な人物でないと務まりません。その人材を選択するために複数の社外役員を入れ、公平性と透明性を加味し、慎重に時間をかけるのでしょう。

(2)「日本経営の長所と提言」ボブ・ガルビン（モトローラ元会長）の場合

ガルビンは、父親から継いだラジオやハンディトークの携帯電話、テレビ受像機やトランジスタ（半導体）事業でモトローラを大きく飛躍させた。また、平成6年（1994）の日米携帯電話摩擦でも、問題解決に多大な貢献をした人物である。

大正11年（1922）アメリカ・シカゴに生まれたガルビンは、昭和14年（1939）に高校卒業後、父親が創業したモトローラに入社し、大学にも行くが2年で中退して仕事に専念する。昭和15年（1940）から昭和25年（1950）にかけ、ラジオやハンディトークの携帯電話、テレビ受像機などの進出で大躍進を遂げる。昭和29年（1954）に34歳で社長となる。

昭和35年（1960）から東京に事務所を構え、日本との取引を本格化させて市場開拓に取り組み始めたが、なかなか成果は上がらなかった。

日本に進出後の20年のあいだに、テレビ事業は日本の優秀な技術に席巻され、アメリカ市場は壊滅的な打撃を受けていた。このため、閉鎖的な日本市場と市場開放しているアメリカとのあいだで摩擦が起こり、いち早く日本市場の開拓に取り組んでいた彼が、仲介の労をとることとなった。

ガルビンは政府間交渉だけでなく、産業間協議を提案、共同議長としてソニーの盛田昭夫と問題解決に奔走し、一定の成果を収めた。

続いて彼はソ連（当時）や中国など外国の販路開拓にも成功し、モトローラの躍進に貢献した。ガルビンは欧米と日本経営の違いを述べ、日本人への友情から次のように正直な経営助言をしてくれている。

「米企業経営の問題は証券アナリストの力が強すぎることだ。経営の過ちをチェックする機能は否定しないが、総じて言えばマイナスのほうが多い。経営者とは評論家のご託宣を実行に移す人ではない。偉大な経営者は、最終的には自分の考えを実行する。（中略）

米国の流動性の高さを一時の気の迷いで賞賛してはならないと思う。組織への忠誠心や律儀さは日本の欠点ではなく長所なのだ。問題は、個人では高い能力を持ちながら、沸きあがる情熱を閉じ込めている人が多いことだ。社会全体が個人の潜在能力を抑えつけているのではないか。その結果の閉そく感だとしたら、日本のみならず世界にとって損失だ。

米国人は物事をヅケヅケと言い過ぎる癖がある。気分を害されたこともあるだろうが、日本と半世紀にわたり付き合ってきた男の友情からだと思って、許していただきたい」（「日本経済新聞」２０００年6月30日）

＊　　　＊

証券アナリストは、どちらかというと株主側に立ち、企業の短期的な利益動向に注目し、論評しますが、経営者は長期的な視点で消費者ニーズや市場動向の変化、需要の創造などに対応した経営を行ないます。

しかし、ガルビンから見ると、日本の経営者はアナリストの企業レポートに振り回されているように見えるのでしょう。また、日本人があまり評価していない組織への忠誠心や律義さを長所として認識して、個人の潜在能力を発揮させるべきだと助言してくれています。

これは、社員の組織的行動が個人の潜在能力発揮を阻害していると見ているのかもしれません。

(3)「放任と権限委譲は別」椎名武雄(日本IBM最高顧問)の場合

椎名は、日本におけるIBMのような外資系企業の社会的な認知度を向上させるのに、多大な功績があった人物である。

彼は昭和4年(1929)岐阜県に生まれ、同26年(1951)慶應大学を卒業する。同28年(1953)アメリカのバックネル大学を卒業後、日本IBMに入社。そして同50年(1975)社長となる。

現在、日本IBMは世論調査でも企業イメージが高く、「大学生が就職したい企業」のトップクラスにランクされている。しかし、彼が日本IBMに就職した1953年頃は、「外資イコール悪」というイメージがあり、外資にもいい企業と悪い企業があることをなかなか理解してもらえなかったという。

アメリカIBMはすぐれた経営理念をもつことで知られているが、世界的視野で経営しているため、世界共通の経営ルールも多かった。海外子会社の経営は原則、現地の人間に任せたが、彼の日本ＩＢＭが日本の事情に合わせて経営手法を変えようとすると、よく本社と衝突した。

そのため彼は日本の経営手法をもって、「ＩＢＭを日本に売り込む」ことと、「日本をＩＢＭに売り込む」という2つの使命の狭間で格闘し、その成功を導いたことになる。昭和50年の社長就任時に、日米の習慣の違いからくるカルチャー・ショックについて次のように語っている。

「社長になって驚いたことが一つあった。米本社からやってくる担当者に年に一度、領収書を一枚一枚チェックされるのだ。取引先とのゴルフをすれば出費は数万円単位、米国人は目をむく。それを一つ一つ説明していく。なれ合いにならないよう本社は担当者を毎年代える。最初はびっくりしたがすぐに納得した。

私は米本社から日本子会社の経営を任されているが、『権限委譲』と『放任』は違う。権限を委譲すれば、任せる側にも責任が発生する。チェックするのは任せた側の義務だ。日本の産業界を見回すと、権限委譲と放任を混同しているケースが多いように思える。任せる側と任される側に適度の緊張関係があって初めて権限委譲は機能するのではないか」（『私の履歴書』経済人三十六巻　41Ｐ）

＊　＊

私の友人も外資系日本法人の社長ですが、夏季休暇20日間はきっちりとらされます。その友人はこの期間をリフレッシュ期間として、旅行、レジャー、学習セミナーなどに費やします。

しかしその期間、本社から代理人が来て友人の経営や業務処理、社員の掌握度などを点検・評価していたという話を聞かされ、驚いたことがあります。

(4)「会長特別補佐制」八城政基(シティバンク在日代表)の場合

八城は、エッソ石油(現:エクソンモービル)社長を退任後、シティバンク・エヌ・エイ在日代表となり、平成9年(1997)にシティコープジャパン会長、同12年(2000)に新生銀行会長兼社長に就任するなど、石油と金融業界をグローバルな企業の視点で経営してきた人物である。

昭和4年(1929)東京都生まれの八城は、京都大学、東京大学大学院を経て木内信胤理事長の世界経済調査会に入り、ひととき調査活動に励むが、昭和33年(1958)にエッソ石油に勤めることになる。

彼の大きな転機は、昭和48年(1973)の第一次石油危機が始まる直前の1年間、エクソン本社の会長特別補佐を経験したことであった。

当時、中東湾岸諸国の油田国有化を受け、最高責任者として会社の危機に冷静に対応するケン・ジェイミソン会長の姿を身近に見ることができた。八城は特別補佐としてそんな最高責任者の傍にいて、年間約100回も開催される取締役会に出席を許され、エクソンのトップの物の考え方、意思決定のプロセスを自然と会得することができた。

取締役会は、本社の経営上の重要事項の決議のほか、関係子会社約10社のトップが翌年の事業計画と予算の承認を求める場でもあったからだ。会長の隣ですべてを聞くことは、八城にとってエクソンの将来の幹部としてのあり方を実地教育されているのと同じであった。

このような制度は日本では見られないが、彼はその当時を振り返り、日米の違いをこう語っている。

「会社で起きたどんな悪いことでも知り得る立場に置き、それをトップがどう対処していくかを見せて、『君たちも帰国して社長になれば、ちゃんとやれよ』というわけだ。特別補佐は、ほとんど出身国の社長になり、私も七三年夏に帰国して翌年六月、社長に就任した。（中略）

この一年は私にとって、石油のみならず、企業経営への理解をも深めた年だった」（『私の履歴書』経済人三十三巻　131P）

＊　＊

日本は、少子高齢化で人口が減少し、国内市場が縮小している現在、新興国を中心に市場開拓をしていかねばなりません。そのため、すでに海外に進出している一部の企業が英語を社内公用語にして、世界各国の優秀な学生を採用するようになりました。

そして本社で教育し、出身国の経営者に育てる工夫をしているのです。グローバル企業になるためには、欧米の幹部教育システムが参考になるでしょう。

本章で紹介した「経営のヒント」を読んで思うことは、時代が変わっても経営の本質は変わらないということです。

日本企業でもグローバル化が進み、企業の海外売上高が50％を超える自動車、工作機械、精密機械、家電業界などの業種も多くなり、必然的に外国人取締役も増えてきました。

最近は少子高齢化で人口が減少し、国内市場が縮小しているため、中国など新興国を中心にコンビニや百貨店などの小売業と安全性を重視した食品業の進出が目立っています。

しかし、いかにグローバル化が進んでも、この章で紹介した「経営のヒント」を読むかぎり、経営トップの経営理念の明確化と遂行、社内における優先順位づけ、幹部や後継者の育成などは重要です。

それは、社内の経営資源（ヒト、モノ、カネ、技術、情報など）を、世界の各市場に適合させて展開する能力が求められているからなのです。

第三章　人生のヒント

第三章では、長い人生を生きていくうえで重要なテーマ、「幼児教育」「父母の影響」「健康法」「お金を味方にする方法」「大地震の対応」などを採り上げました。

人生については各人各様の考え方があり、「私の履歴書」にも多くのヒントがあります。ここでは、私が深く感動したものを紹介したいと思います。

1　幼児教育

現在、家庭内において、子供の就学・就労拒否、親への暴力など、親子間問題が数多く発生しています。一方では、親の幼児に対する虐待なども頻発し、深刻な社会問題となっています。

その解決の手がかりとして、「私の履歴書」に登場する各界のリーダーたちがどのような幼児教育を受け、それをどう受け取り、活かしたのかを探ってみました。現在の諸問題を解決するヒントの宝庫といえるでしょう。

読んだ結論を一言でいえば、「私の履歴書」に登場するリーダーたちの両親は、家庭において子供教育をしっかりと行なっていたということです。

いうまでもありませんが、そのことが彼らリーダーの人生行路の基礎を堅固に築いたといえます。

(1)「母のしつけ」ジャック・ウェルチ(GE前会長)の場合

前出(第一章98P)のウェルチが生涯で最も大きな影響を受けた人物は、母親だった。

小学校に通う頃、母親から「人より秀でなければならない」と教えられていたという。

一人息子だったウェルチは、背丈が低くて吃音ぎみだったため、内向的な少年だった。吃音について、母親が「あなたは頭の回転が速いため言葉が追いつかないのよ。心配いらない」と自負心を持たせたり、トランプゲームに付き合わせ「勝負の面白さと競争心」を教えてくれた。

この、ゲームの競争心が背丈のハンディの克服と、その後の野球、ホッケー、ゴルフといったスポーツへの興味、そしてビジネスへの情熱へとつながっていった。ここで培われた自信と誇りが、成長後の彼の生き方に大きな影響を与えたのである。

ウェルチが幾多の大胆な経営革新を行ない、GEを世界最強の優良企業に育て上げることができたのも、自分に対する絶対的な自負心を持てたからだった。

彼は、その家庭教育の原点を振り返り、こう感謝している。

「母が私にくれた最高の贈り物をたったひとつだけ挙げるとすると、それは多分、自負心だろう。自分を信じ、やればできるという気概を持つことこそ、私が自分の人生で一貫して求め続けてきたことであり、私と一緒に働く経営幹部一人ひとりに育んでほしいと願ってきたことだ。自負心があれば、勇気が生まれ、遠くまで手が伸びる。自分に自信を持つことでより大きなリスクも負えるし、最初に自分で思っていたよりもはるかに多くのことを達成できるものだ」(「日本経済新聞」2001年10月3日)

＊　＊

吃音のウェルチを、「あなたは頭の回転が速いから言葉が追いつかないのよ」と励ました母の言葉は心を打つものがあります。

母親のこの言葉は、ウェルチにとって最高の自信となったでしょう。

しかし、彼が高校3年のとき、主将をしていたホッケー部が最後の試合で惜敗します。そのとき、悔しさのあまりスティックを氷上に放り投げたウェルチを見た母親は、その行為に対して大衆の面前で彼を大声で罵倒するほどの烈女でもありました。

母親は36歳の高齢出産だったため、一人息子のウェルチに対する教育が熱心なものだったそうです。幼少年期のウェルチに対する彼女の教育指導法は、「私の履歴書」連載中、大好評だったと聞いています。

(2)「母の参観」永野重雄(富士製鉄社長)の場合

永野家の6兄弟は優秀だった。早逝した三男以外の5人が東京大学、一人は東北大学を卒業している。永野は東大では柔道部の猛者で、財界においては「財界の四天王」の一人として活躍した。

明治33年(1900)、10人の兄弟姉妹の二男として島根県で生まれた彼は、大正13年(1924)東京大学を卒業し、浅井物産に入社する。翌14年(1925)富士製鋼再建のため支配人となるが、昭和9年(1934)の合併で日本製鐵に勤務する。そして戦後の昭和25年(1950)、分割で富士製鉄社長となるが、45年(1970)再合併で新日鐵会長としても活躍する。

永野は少年時代、手に負えないワンパク坊主だった。女の子だけでなく、家の前を通る子供を片っ端からつかまえてケンカを売った。相手が向かってくれば石を投げ、泣くまでいじめた。そのうち彼が家の表に出ると「永野のいたずら坊主が往来に出たぞ、みんな家に隠れろ!」と、大人たちが子供を隠すようになった。

永野がいたずらをするたびに、母親は手みやげを持って詫びてまわった。父親が死んだとき、母親は43歳だった。彼は学校でもワンパクぶり、無軌道ぶりを発揮して先生にも手を焼かせたが、母親は先生のところに行き、詫びたあと子供の欠点や勉学の状況をよく聴いていたという。母親は直接彼を叱らない代わりに、無言で次のような行動を示し、永野に『勉強しろ』と言われるより心に響いた」と言わせている。

「父が死んだのは八月だったが、それからしばらくすると、母の姿が教室にみられるようになった。一週間に二度三度、黙って教室に入ってきて、うしろから立ったまま授業を参観するのである。それは私が中学を卒業するまで続いた。母は私だけでなく兄弟全部に同じようにそうした。勉強せよとは言わないけれども、母が容易ならぬ心構えで私たちを見守っているということが痛いほど背中に感じられたのであった」(『私の履歴書』経済人十二巻　18P)

＊　　＊

私も小学校時代、父兄参観のときは緊張して授業を受けましたが、永野の母親のように、週に二度、三度と教室に入ってこられるとたまりません。

しかし、母親の子供たちに対する教育の覚悟がひしひしと感じられますから、子供たち全員がその期待に応える気持ちになったのでしょう。思わず唸らされる、無言の教育といえます。

(3)「母が風呂場で教育」柏木雄介(東京銀行会長)の場合

柏木は大蔵省(現:財務省)きってのアメリカ通、国際金融通として知られ、初代財務官の処遇は彼の才能を活かすための役職ともいわれている。

柏木は大正6年(1917)中国の大連生まれで、昭和16年(1941)東京大学を卒業し、大蔵省に入省。父親が横浜正金銀行(のち東京銀行)の大連支店次長(のち同行頭取)だったとき生まれ、3年ほどそこで生活した。

その後、父親の転勤でアメリカに住む。満12歳のとき日本に帰国したが、読み書きできる日本語は、ひらがなに簡単な漢字を合わせても、わずか150字足らずだったという。

柏木は生まれてから12年のあいだ、一度ほど夏休みを利用して一時帰国したことはあるものの、アメリカ滞在中は日本語を学ぶ機会も、使う場面も乏しかった。日常では当然、両親と日本語で会話をしたが、それは耳で覚えた言葉にすぎなかった。

彼にとっての母国語は、すでに英語になっていたのである。帰国することになり、両親は柏木の日本語の読み書き能力について案じてくれた。それゆえ帰国後の教育はすさまじかったと、柏木は次のように語っている。

「わが子の教育に関し、母は必死だった。教育勅語がなかなか暗記できないとみると、私の入浴中、脱衣所に入ってきて、ガラス戸一枚隔てた向こう側で大きな声で読んで聞かせた。こちらはそれを復唱して頭の中にたたき込んでいくわけである。

日本語の読み書きは、帰国後ほどなくして人並みになったとはいえ、筆の方はまるでだめだった。習字の宿題となると、母の書いてくれた手本を敷き、その上に新しい半紙をのせて、母の字をなぞってつじつまを合わせたものだった」（『私の履歴書』経済人二十四巻　３５２Ｐ）

＊　　＊

このエピソードも、母親の子供に対する教育の一途さが痛いほど感じられます。

母国の日本社会に息子を適合させるため、母はあらゆる機会をとらえて教育に全エネルギーを傾けたのでしょう。その甲斐あって、思春期に柏木が書いたラブレターは、小学校の生徒のような字であっても、相手の心を動かすものだったと述べています。

(4)「母から睡眠学習」立石一真（立石電機社長）の場合

立石は明治33年（１９００）熊本県の生まれで、大正14年（１９２５）熊本高等工業（現・熊本大学）を卒業し、兵庫県庁職員などを経て、昭和８年（１９３３）立石電機製作所（現・オムロン）を設立した。

そして彼は戦後オートメーションに注目し、マイクロスイッチなどを自社開発して事業が軌道に乗り始める。昭和30年（１９５５）初期には重電用機能部品で国内市場をほぼ独占することができた。同40年（１９６５）以降、自動販売機や自動改札機など無人機械化を成功させた人物として有名である。

立石が幼いときは伊万里焼を製造販売する恵まれた生活だったが、小学校1年の終業式を終えた翌日に、大黒柱の父親が亡くなり、まったくの無収入になった。母親は下宿屋を開業したので、彼も家計を助けるため新聞配達を始めた。

このときに貧しさのつらさと働くことの大切さを知り、長男として戸主の責任と自覚、強い独立心が培われた。しかし、少年時代はキカン気のやんちゃ坊主で、母親をよく困らせていたという。

あるとき、近所の悪童ども5、6人と語らって、氷屋の店先にかけてあるすだれのビードロを盗みに行き、引きちぎって逃げ帰った。そのとき逃げ遅れて捕まった仲間が白状したので、立石の母親にも苦情が持ち込まれた。

しかし、母親は即座に彼を呼びつけて叱るようなことはしなかった。その夜、次のような方法で彼に自省を促す教育を行なった。

「夜のしじまに蚊張のなかで、眠りに落ちようとするころ合いを見計らって母は私を起こし『人様のものを盗むなんて、ほんに情けなか。これから絶対こんなことしちゃいかん』とじゅんじゅんと説教した。このときの言葉はいまだに深く脳裏に焼きついている。それは修身の時間に繰り返し、教えられた以上に印象的だった。（中略）人に眠りにつこうとするとき、いわゆる寝入りばなに暗示を与えるのが最もよく効くそうだ。母がその要領を心得ていたというわけではないだろうが、盗みという行為に対して自責の念にかられている私の寝入りばなを見計らって諭したことが、私の心に深くしみ込んだのだろう」（『私の履歴書』経済人十五巻　３０８Ｐ）

＊　　＊

睡眠学習は、眠っているあいだも活動を続けている脳に刺激を与え、学習させるものだといわれますが、立石の母親が活用しているのに驚きました。

母親は生活の知恵で知っていたのでしょう。彼は眠い最中に諄々と説教されることにより、心から盗み行為を反省したのでした。

この項に紹介した経営者たちの話を読んでつくづく思うことは、親が子の幼児期に、家庭内で言葉遣いや礼儀作法などを躾けるのは当然の義務という認識です。

これらは学校で教えてもらうものではありません。この項で紹介した例を見ると、子供に対する「しつけ・教育」「ものに対する考え方」などでは、父親よりも母親が主導権をとっています。

当時の母親は、「家庭内のことは自分の責任」という自覚が強かったのでしょう。立派な母親に恵まれている子供は、素直に大きく成長するということがわかります。

2 父母の影響

「私の履歴書」の執筆者の多くは、両親について語っています。

喜田昌樹著『テキストマイニング入門』（白桃書房）には、次のような記述があります。

『「私の履歴書（昭和の群像）」』のなかの、昭和に限定した50人の経営者を調査・分析した結果では、創業者型の経営者は父親を多く語り、従業員型経営者は母親を、創業型経営者の父親への言及回数よりも3倍近く多く語っている」（184P）

また一方では、「私の履歴書」の担当記者の取材日記によると、自分の母親の人物像や苦労話になると、涙を流す人が多かったとあります。

市村清、大谷米太郎、小原鐵五郎、田口利八、植村甲午郎、安西正夫ら偉丈夫な経営者の涙は、「あの苦労した母親を早く楽にしてやりたい」の一心が、経営者をして幾多の困難を克服させた原動力になったように思えます。

父親の厳しくも深い愛情、母親の優しさと厳しいしつけが相まって、立派な人間を育てることになるのでしょう。

私には、この経営者たちは、立派な両親の背中を見ながら自分を律して言動してきたように思えるのです。

(1)「父の白髪」赤尾好夫(旺文社社長)の場合

赤尾は明治40年(1907)山梨県の生まれで、昭和6年(1931)東京外国語学校(現：東京外国語大学)を卒業し、歐文社(現：旺文社)を設立した。

一世を風靡した受験生に人気の「まめ単」こと英語単語集の発案者であり、文化放送や日本教育テレビ(現：テレビ朝日)を創業し、放送大学の設立にも貢献した人物である。

また、全日本射撃選手権で優勝したのち、昭和29年(1954)は世界射撃選手権で銀メダルをとるなど、珍しい経歴の持ち主でもある。

赤尾は、かなり大きな肥料商を営んでいた家の三男坊だった。父親はアメリカに長くいたため、田舎では稀なおしゃれな男だったという。母親は子ぼんのうで優しく、彼の悪筆を直すのに苦労していたが、13歳のときに亡くなった。

赤尾はかなりのいたずらっ子で、小学校5年のとき、こうもり傘の柄を銃身にして、それにカンシャク玉を利用する銃を作った。火薬は父親の金庫の中から失敬して、スズメ撃ちに興じたが、流れ弾が近所のガラスを割ってしまった。学校に連絡が行ったので、このときは両親が平身低頭して詫びてくれた。

しかし中学4年のとき、悪友たちと不法な魚捕りを行なった首謀者の一人として、父親と一緒に校長室に呼ばれた。父親は教頭や担任教師のいる前で、息子の悪業を詫びながらポロポロと床に涙を流した。

さんざん油を絞られ始末書を書いたあと、2人は校門を出て日川の流れの土手に沿ってとぼとぼ帰ってきた。暑い日だった。これにより彼は学校から処分を受け、中学を1年留年したが、この日の父親との対話が、彼の悪業を改める原点になったという。

「橋のたもとの土手に腰を下ろした。（中略）横目に父の顔を見ると頭がもう半分ほど白くなっていた。それに父が気づいたらしい。『どうもこの頭の毛の半分はお前が白くしたのだな』と父はこういった。私は申しわけないと思った。『お父さん、そう心配しなくていいよ。僕もそのうちに必ずものになって見せるから……』というと、父は『まぁそう大言壮語しなくてもいいから、もう心配をかけるな。命が縮まるじゃないか』こういうのである。『それにしてもわしも子供の時ずいぶん行儀が悪くて先生にしかられたもんだが……。母がよく学校へ一緒に謝りに行ってくれたものだ。因果はめぐるんだなぁ』こう言って父は深い嘆息をした。

私はこの父の白髪を見ながらどうもこう心配をかけては申しわけない、もうあまり悪業はしまいと心に誓ったのである」（「日本経済新聞」1972年8月28日）

私の息子が高校生のとき喫煙し、夫婦で学校に出頭を命ぜられたことがあります。私が「仕事で忙しいので妻だけ行かせる」と答えると、学校側から「表彰のときは一人でもよいが、非行の場合は両親でないとダメ」と拒否されました。

校長室で息子と一緒に夫婦が校長・教頭から叱責と今後の注意を受けたあと、私は息子と２人で話し合いました。私も赤尾の父親と同様、初めて自分の過去の非行ぶりを話して聴かせ、心が通じ合った経験があります。

話し合いの目線は、高いところからではなく、子供と同じ境遇時の若い経験でないと通じにくいと、つくづく思ったものでした。

＊　　＊

(2)「父母の役割分担」進藤武左ヱ門(水資源開発公団総裁)の場合

進藤は明治29年(１８９６)山梨県生まれで、大正12年(１９２３)九州大学を卒業し、東邦電力に入社する。昭和20年(１９４５)復興院業務局長となり、同27年(１９５２)電源開発副総裁として転出する。そして同37年(１９６２)に総裁となる。

進藤の家は代々地主として農業を営んでいたが、父親の時代になって一時織物業や酒造業、銀行にも関係し、村長としても活躍していた。

第一子長男として生まれた進藤は、両親に寵愛された。そのためか、幼児の頃は大変ないたずら坊主で、あるとき隣家の軒下に積んである枯れ草に放火して大騒ぎになった。

仕置きのため土蔵に閉じ込められると、うず高く積まれた米俵の上から放尿するなど、やんちゃぶりを発揮した。このほかにも数々の悪業を行なったが、そのつど両親はひそかに尻拭いをしてくれていたという。

「父は内に厳しさを持っていたが、きわめて温厚な人であった。父に直接しかられた記憶はないが、早起き、冷水浴、読書癖など、父の一挙一動に影響されたことはきわめて大きい。母には直接どなられた経験が多く、陳謝するまで許されなかった。三十六計で逃げ出したり、声をかぎりに泣き叫んでも決して許してくれなかったが、病気やけがの際の母の心づかいには、いつも胸を打たれたことである」（「日本経済新聞」１９６５年7月10日）

＊　＊

進藤は、自分を厳しく律した父親の、日常生活から早起き、冷水浴、読書癖などを見習い、自分の生活の習性を身に着けました。厳しくも優しかった母親からは、人の接し方を学んだのではないでしょうか。

両親が子供の教育に対し、役割分担をわきまえていたのでしょう。

（3）「父から学ぶ」近藤道生（博報堂最高顧問）の場合

近藤は大正9年（1920）神奈川県生まれで、昭和17年（1942）東京大学を卒業、大蔵省に入省するが、同17年海軍短期現役組として入隊。

マレー半島に配属されたが上官ににらまれ、困難な物資調達を命ぜられた。サイゴン（現：ホーチミン）からバンコクまでの直線750キロを、単独で地図を持たずに5日間、歩いて任務を果たした強固な精神力の持ち主だった。

戦後、現地に抑留されるが、昭和22年（1947）大蔵省に復帰する。同47年（1972）国税庁長官となるが、50年（1975）博報堂の社長となる。

近藤は7歳のとき、近所に住む悪童から恐喝された。父親に相談すると、「逃げずに頭突きしろ」と教えられ、実行すると後難はまぬがれるようになった。しかし、今後のこともあるので、父親は彼に剣道を習わせたが、これが精神と肉体の修練に役立ったという。

父親は一高、東京大学を出た外科医だった。小田原に移ったとき、近藤外科医院に女子修養のための「塾」をつくった。そのとき10人ほどの塾生が集まった。医院の2階の寮に住み込む彼女たちは、全員看護師である。

「看護師は修養を積んでから患者に接すべし」という考えを、父親は実践した。父親が実直に自分の決めた日常行動を実践している姿を身近に見て、大きな感化を受けたと語っている。

「父は午前五時前後に起きて外来患者用の便所を掃除する。外科手術で出た汚物の焼却も他人に任せない。多少の熱があろうとも決して怠ることがなかった。

それが終わると朝食まで塾生を前に講義をする。茶道、日本の古典文学、詩歌、漢籍などを語る父の話はわかりやすく、塾生に交じって座る私や姉たちも、詩人や歌人になりきった父の名調子に、身を乗り出して聴き入った。

昼間に何十人もの患者を診て夕食が済んでから、また講義をすることもあった。私は学校の授業より、多くを父から学んだかもしれない」(「日本経済新聞」２００９年4月28日)

＊　＊

近藤は教養ある父親が看護師寮の寮長で教育者でもあったため、その模範となる生活態度や講義を身近に受けることができたのです。

近藤の教養深さと自律心は父親からの影響が大きいといえるでしょう。「私の履歴書」ではほかに、父親が教育者で直接息子や子弟に教育している人物として、伊藤忠商事の越後正一がいます。

（4）「母は商人の鑑」伊藤雅俊（イトーヨーカ堂名誉会長）の場合

前出（第二章119P）の伊藤の母親は、裕福な乾物商の娘として生まれ、稽古事にも通うなに不自由のない生活だったが、父親を若くして亡くし、日露戦争後は家業も没落した。

結婚したものの夫に先立たれ、伊藤の父親となる男と再婚した。父親は道楽者で商売は不熱心だったが、6歳上の姉さん女房の母親がよく気がつき、字もうまく、交渉ごともてきぱきとまとめたので、周囲からの評判もよかった。

母親は商家の生まれで商売が好きだったことや、没落した実家を建て直して親戚を見返してやりたい意地もあったのだろう。

とにかく商売一筋の人で、戦前の個人商店のことだから、盆も正月もない。商人が大みそかまで働くのは当たり前だった。おせち料理などが得意だった母親は、使用人を休ませてから夜なべして煮物などをつくり、元日の朝一番に自分で店を開けて年始のお客さんを迎えたという。

伊藤にとって、父親が反面教師だったとすれば、母親は文字通り商人としての鑑だった。「母親の商売への言動そのものが血肉となって生きている」と、伊藤は次のように語っている。

「仕入れを一つ間違えば、支払いができなくなり、食べられなくなる。絶対に間違えられないから、一箱、一袋の商品を売って儲けは箱代か袋代という薄利の確実な商売に徹し、何よりお

客様を大切にした。私が母に見たものは、すさまじい商人の業である」（『私の履歴書』経済人三十八巻　１６３Ｐ）

＊　　＊

伊藤は自分の恩人として、母親と異父兄の譲を挙げています。

二人から「お客様を大切に」「温かい人間味と思いやり」など、お客様と仕事への真摯さを学びました。

そこから、「お客様は来てくださらないもの、お取引先は売ってくださらないもの、銀行は貸してくださらないもの。だから、一番大切なのは信用であり、信用の担保はお金や物でなく人間としての誠実さ、真面目さ、真摯さである」と気づいたといいます。

この悟りから、「売れただけ仕入れて販売する」という、彼一流の企業原則のキャッシュフロー経営が出発しています。

（5）「父の愛情」樫尾忠雄（カシオ相談役）の場合

前出（第一章73Ｐ）の樫尾は、電子計算機、電卓、デジタルウォッチ、電子楽器、デジタルカメラなどを、消費者に受け入れやすい低価格で販売し、企業を一流企業に発展させた人物である。

樫尾が5歳のとき、樫尾家は、東京で働いていた叔父に誘われて一家で上京した。高等小学校卒業後、家計を助けるために見習いの旋盤工として働き始める。そこで腕のよさが認められ、工場主の勧めもあって、働くかたわら早稲田工手学校（現：早稲田大学）の夜学に通学するようになった。

しかし、学校の時間ぎりぎりまで仕事のため遅刻することもしばしばで、学校を終わって帰宅すると10時過ぎになった。それでも父親はほとんど毎夜、彼を迎えに来てくれ、「今日はどうだった」などと話し合いながら帰った。母親は、彼が帰宅するまでいつも寝ないで待っていてくれたという。

戦前には事業も比較的順調に行っていたが、終戦後は物資が絶対的に不足しており、いろいろなものを考えては作った。しかし、物を作る機械そのものが足りない。彼は旋盤のほかに、どうしてもう1台、フライス盤がほしかった。

戦争直後のことで、新しい機械の製造が始まっていない。ツテを頼っていろいろ聞いてみると、長野県諏訪に小型の中古が1台、疎開させてあるという。先方が「譲ってもいい」と言ってくれたため、樫尾は値段の安さにひかれてさっそく買うことにした。しかし、問題があった——

このときの、父親の子を思う献身に助けられたという樫尾は、次のように深く詫びつつ感謝の言葉を表している。

「しかし、運ぼうにも自家用のトラックなどないし、戦後の混乱のなかで営業車を雇うことも難しかった。どうしたものか、考えていると、父が『おれが運んでやろう』という。いくら力自慢とはいえ、相手は鉄の塊である。ためらっている私をしり目に、父はさっさとリヤカーを借りてきてしまった。くれぐれも無理だけはしないように言って、結局、父に頼んだ。三鷹から諏訪までの往復約三百キロの道のりを、たった一人でわずか四日余りで運んでくれた。さすがの父も、きつい曲がりが幾重にも連なる笹子峠の上り、下りは往生したらしい。（中略）

今、笹子峠の下を中央高速道路が走っている（笹子トンネル）。あんな重たい機械を父はいったい、どんな思いで運んだのだろう。自分のことで頭がいっぱいで、知らず知らずのうちに好意を期待していたのではなかっただろうか。いつもこの車で通るたびに、そんなことが思い出されて、『申しわけなかったなぁ』と亡くなった父に詫びる」（『私の履歴書』経済人二十八巻268P）

＊　＊

夜学に通っていた息子と毎晩一緒に家路についた話や、三鷹から諏訪までの往復約300キロの道を、重いフライス盤をリヤカーで引いて運んでくれた話からは、父親の息子に対する深い愛情そのものが読み取れます。

父親の息子に対する期待が、このような形になったのでしょう。樫尾4兄弟の仲の良さは前述どおりですが、事業の成功は父親の期待に兄弟全員が応えた結果でした。

(6)「父の寛容」岡野喜太郎(駿河銀行頭取)の場合

岡野は元治元年(1864)静岡県生まれで、明治18年(1885)豆陽中学師範科を中退し、帰農する。そして翌19年(1886)貯蓄組合共同社を設立。その後、同28年(1895)根方銀行、駿東実業銀行を経て、同45年(1912)駿河銀行(現:スルガ銀行)を設立した。

戦時中、大蔵省が小銀行の破綻を防ぐことを目的として、銀行の経営基盤を強化するために銀行合同を推進していく1県1行化に反対した人物として有名である。

駿河国愛鷹村の名主の家に生まれた岡野は、豆陽中学師範科に在学中の明治18年秋、20歳のとき、一帯を襲った飢饉を目のあたりにする。彼は安閑として学校に行くことを望まず、中退して家の危機を切り抜ける。そのうえ、村の窮乏を救うために貯蓄組合共同社を設立し、それが一応成功する。

しかし明治34年(1901)に九州の各地に銀行の破綻が続出すると、近畿、東海、関東一円にも広まり、全国的金融恐慌となった。このとき、彼が主導する銀行も重要取引先が破綻してしまった。

これが外部の評判となると取り付けが始まるのは必定のため、株主や預金者に迷惑がかからないよう、緊急に手当てをする必要が生じた。

そこで岡野は悲壮な決意で、父親の理解と協力を求めることにする。その内容は、「今回の企業破綻は、全国にわたる恐慌の余波だとはいえ、自分の銀行経営に対する経験は浅く、貸付に対する研究が不行届きであったから」と、まずそのことを父親に深く詫びることだった。

そして、「今回の貸付会社の破綻によって受けた損害は多額とはいえ、駿東実業銀行にとって致命的なものではない」と必死で説明をした。最後に「手当てをすれば十分に助けることができますからお願いします」といった途端、次のような言葉が返ってきて感泣する。

「手当てとはなにか、と父は静かに次の言葉をうながした。『手当てというのは……』私はちょっと言葉を切って『手当てというのは、まことに申しわけございませんが、岡野家伝来の田畑を担保に入れ、他の大きい銀行から、一時融資してもらうことであります。借りる先は第三銀行、金額は三万円、大体当たってみてあります』そういい終わると、私は決死の意気込みで、きっと、父の顔を仰いだ。『馬鹿ッ』と一喝、怒鳴りつけられるかもしれない。そう思って仰ぐと、意外にも父の顔はなごやかで静かであった。『それで銀行が助かるなら、それで結構だ。お前の信ずるようにやりなさい。田畑はなくしても、また買うことができる。人様には絶対迷惑をかけてはならない』。あまりにもあたたかい父の言葉に、私の目からは思わず、熱い涙が落ち感謝の言葉さえ、しどろもどろであった」（『私の履歴書』経済人二巻　３７３Ｐ）

銀行は信用が第一。人間も信用が大切。

岡野の父親は、息子のために家伝来の田畑を担保に入れることを承認しました。代々の名主として、村全体の存亡を考えた結果の決断だったのでしょう。

このエピソードは、「この親にして、この子あり」の感が強くします。

＊　　　＊

(7)「父の訓戒」江崎利一(江崎グリコ社長)の場合

「一粒三百メートル」のキャッチフレーズで成功した前出(第一章64P)の江崎は、戦後アーモンドチョコ、ワンタッチカレーで成長する。

「オマケ商法」の先駆者でもある彼は、大正4年(1915)にはぶどう酒の樽買いを始めて小分け販売で成功し、同7年(1918)には大阪に出張所を出すまでになった。

その後、有明海で採れる大量の牡蠣《かき》の煮汁廃液には多量のグリコーゲンが含まれるとして、これをお菓子として事業化したのが濃厚栄養剤の「グリコ」だった。この商品とオマケ商法などのアイデアで大躍進を遂げる。

昭和9年(1934)、グリコの事業からようやく年間50万円の純益を得る見通しがついたので、彼はその一部を社会還元に役立てたいと考えた。これが財団法人「母子健康協会」だったが、この設立の背景には、少年時代の父親の訓戒があった。

「私の生家は貧しく、その貧しさの中で父は次のように私をさとした。

『金を借りている人の前では、正論も正論として通らぬ。正しい意見を通すためにも、まず貧乏であってはならない。浪費をつつしみ、倹約につとめ商売に精を出して、ひとかどの資産を積んでもらいたい。しかし、くれぐれも注意したいことは、金を作るために金の奴隷になってはならない。世の人から吝嗇といやしめられてまで金を作ろうとしてはならない。そして金ができたら、交際や寄付金は身分相応より少し程度を上げてつとめていけ。それで金をこしらえていくのでなければ、立派な人間とはいえない』」（『私の履歴書』経済人七巻　190P）

＊　　＊

一般的に「息子は父親に、娘は母親に反抗する」と言われます。

特に男性の場合、独立心が強く、よく父親と衝突します。しかし、「親父の小言と冷酒はあとで効く」と言われるように、あとあと考えると「父親の訓戒を守っておればよかった」と後悔することも多々あります。

江崎の場合は、父親の訓戒を守って商人の王道を歩んだことになります。

この項では、「父母の影響」7例を紹介しました。

ここで痛感するのは、「この親にして、この子あり」という故事です。すぐれた経営者はすぐれた両親をおもちです。

その両親のよい薫陶を受け、素直に守り、その期待に応えるために、人生の逆境にも打ち勝ったように思えます。

3 健康法

健康問題は、年代を超えて興味深いテーマのため、できるだけ多く集めました。

「私の履歴書」に登場するすぐれた経営者たちは、高齢にもかかわらず精力的に財界活動、福祉や業界活動にも活躍されています。

しかし、多くの人が幼少のときはひ弱で、結核やジフテリア、チフス、百日ぜきなどの病気で長期欠席や病養生活を送っていたと書いています。それを克服したあとは、激務・激職に耐える体力づくりや健康法を自分なりに創意工夫し、実行しています。

読者の方も自分に合った健康法をここから見つけていただければ、と思います。

(1)「89歳の健康法」三島海雲(カルピス社長)の場合

三島は「初恋の味」で親しまれた乳酸菌飲料のカルピスを、世界で初めて発売した人物だが、この開発は、彼が明治41年(1908)内蒙古(現:内モンゴル自治区)に入り、病気で瀕死の状態のとき酸乳に出会い、健康を回復したのが動機だった。

三島は明治11年(1878)大阪府生まれで、父親は浄土真宗本願寺派の住職だった。同35年(1902)龍谷大学を卒業後、英語教師となるが、25歳(1903)で辞し、中国に渡る。大正4年(1915)帰国後、「心とからだの健康」を願い、酸乳、乳酸菌を日本に広める決意をし、同6年(1917)ラクトー株式会社(現:カルピス)を設立。

三島は96歳で亡くなるが、「私の履歴書」を連載していた昭和41年(1966)4月は89歳だった。自ら「証券市場に上場されている会社の社長では最高齢者」と書いている。彼は生来強健の質ではなく、特に消化器と呼吸器が弱く、子供のときから薬ばかり飲んでいた。

三島は父が60余歳、母は47歳で亡くし、2人の娘は20歳代で早世した。「血筋から言えば今日まで生きているのが不思議である。だから人一倍、健康に気を使い、努力してきた」と周囲に語っている。それだけに、健康に役立つ書物は片っぱしから読み、あらゆる方法を試みていた。

そして、「時間を守って規則正しく生活すれば、身体はおのずと健康になる」という結論となった。そこで彼は、1日24時間を、10時間の睡眠、午前4時間の執務、午後2時間の読書、そして残る8時間を体力維持のための時間と定めたという。これを厳守するため、冠婚葬祭等の出席はいっさい断わり、妻子またはほかの人を代理に立てるように徹底した。

その1日8時間の健康法の内容は、「1．食生活、2．散歩、3．手足の温浴、4．日光浴」であり、それぞれに「私の履歴書」では詳しく説明してくれている。特に有名なのが日光浴である。それを彼は次のように紹介している。

「日光浴の効用：昭和元年以来、ずっと続けてきた。およそタダで得られるものほど必要度は高い。（中略）日光浴の方法だが、夏は朝六時から七時までの十分間、冬は午後一時の間に三十分ぐらいやる。ある夏、長時間強烈な紫外線を全身に浴びて脳貧血を起こした失敗から、今村荒男博士の〝肺や心臓のある肋骨の部分に日光を直接当ててはならない〟という注意を守り、タオル製のチョッキを着用している。

また、日光浴で拡大鏡を使ってヘソの回りを焼かんばかりの高温度で照射するのが、私の独創で、秘伝である。二十年ほど前、ヘソに灸をすえてたいへん効能があったことから、モグサの代わりに日光であたためてもよかろうと考案したのだ。『ヘソの下には胃とスイ臓がある。熱で刺激すれば胃液、スイ液の分泌をよくするからよろしい』と私の主治医柿沼庫治さんが、この方法に太鼓判を押してくれた。ただし、やけどをしないように注意がいる」（『私の履歴書』経済人十巻　２０３～２０４Ｐ）

この本では、お灸の代わりにレンズを使ってヘソを温める執筆者の写真は、ユーモラスでもあります。三島の1日8時間の詳しい健康法メニューには驚かされました。

高齢になると、特に健康管理が大切になってきますが、徹底することが重要だということがわかります。

三島は健康法メニューの4種類を詳しく説明してくれていますので、本人の「私の履歴書」(『私の履歴書』経済人十巻)をご参照ください。

＊　＊

(2)「散歩は公私共に有益」宮崎　輝(旭化成工業社長)の場合

宮崎は、事業を繊維からサラン、アクリルなど石油化学へ拡大し、医療、住宅など多角化経営を進めたため、なんでも飛びついて食べる「ダボハゼ経営者」とも言われた。

明治42年(1909)長崎県生まれの宮崎は、第五高等学校(現:熊本大学)を経て、昭和9年(1934)東京大学を卒業後、日本窒素に入社する。入社早々、旭ベンベルグ勤務となり、同22年(1947)旭化成工業と改称(現:旭化成)、36年(1961)社長となる。

趣味といえばゴルフやマージャン、釣り、旅行などという人は多い。しかし、宮崎の唯一の趣味は散歩だった。その理由は、昭和23年（１９４８）の延岡大争議にあった。

その争議解決後、若い社員たちのエネルギーを何かに向けなければ再び暴発する可能性もあると考え、宮崎は走ることを勧めた。その結果、全日本級のマラソンランナーが輩出することにつながったが、自身は走ることができないので歩くことにしたという。ゴルフの誘いを何度か受けたこともあるが、ゴルフは朝早く起きなければならないし、エチケットもうるさい。それに同行したメンバーにも気を遣う必要があるので敬遠した。

宮崎は35年間、ほぼ毎日のように歩き続けた。雨が降っても、よほどの大雨でない限り中止はしない。地方や海外へ出張したときにもシューズを持参し、散歩で公園や街中に出かけた。本社にいるときは、帰りは一つ手前の駅で降り、1時間20分ほど歩く。休日は、手ぬぐいと着替えのシャツをビニール袋に入れ、3時間くらい散歩する。途中、喫茶店に立ち寄って着替えをし、小休止してからまた歩き出すという徹底ぶりだった。

宮崎は、この散歩時間に事業や人事構想を練った。事業運営に当たって大事なのは、事業の責任者を決めることであるため、人事を重視した（その人事は「意表を衝く人事」とマスコミに評された）。

彼は散歩の効用と失敗を、次のように語っている。

「散歩の醍醐味は、なんといっても解放感にある。他人にわずらわされず、気ままに歩くことほど楽しいものはない。歩いていると、道がよくなったり、新しい建物ができたことなど、いろ

いろ発見する喜びもある。そのうえ、足腰の鍛錬にもなるから、健康にもいい。（中略）
私は散歩の最中、大抵、自分が抱えている問題を考えながら歩いている。それでは気晴らしにならない、との疑問の声も起こりそうだが、そんなことはない。頭を使いながら、十分に解放感は味わえる。第一、歩きながらものを考えると、非常にいいアイデアが浮かんでくる。
もっとも、考えに夢中になっていると、時々、思わぬ失敗をすることがある。
考えに夢中になっていると、赤信号とは知らずに渡ってしまい、警察官に怒られたこともある。その時の注意の言葉が印象に残っている。『あなたもかわいいお孫さんがいるんでしょ……』」（『私の履歴書』経済人二十二巻　144P）

＊　＊

「私の履歴書」の中で、高齢者の健康法で一番採用されているものが散歩です。

散歩は年齢・性別を問わず重要視されます。その効用は、歩くことで血流量や呼吸量が増し、心肺機能が強化され、内腔臓器の活発化、脳の老化防止にも役立つといわれるからです。

「老化は足から」と昔から言われているため、私も現役時代は万歩計をつけて毎日1万歩を、現在は6000歩を目標に歩いています。

(3)「柔軟体操とツボ押さえ」岩谷直治(岩谷産業会長)の場合

岩谷はプロパンガス事業を成功させたが、それ以外にも住宅設備機器、食品産業にも取り組み、生活総合企業を一代で築き上げた人物である。

彼は明治36年(1903)島根県生まれで、太田農業学校(現:島根県立太田高等学校)を卒業後、神戸市の運送会社で勤務したのち、昭和5年(1930)ガスの製造販売を行なう岩谷直治商店を創業する。昭和20年(1945)に株式会社の岩谷産業に改組し、社長となる。

岩谷の少年時代には羽振りのよかった家も、父親の病気とともに衰退していく。家計が苦しくなったため、農学校の修学旅行にも行けなかった。就職は神戸の海陸運送会社であったが、住み込み奉公のため、朝5時に起き、店の掃除をする毎日だった。

スペイン風邪が流行した年、彼も1週間ほど床についた。故郷を離れる前に父親が、「他人のところで寝込むほどつらいものはない。体に気をつけるんだぞ」と言ってくれたことを思い出し、健康は自分で守るしかないとつくづく悟る。

このとき以来、酒にもたばこにも手を出さず、若いときはもっぱら「牛乳」と「5時起き」の習慣で健康を守ったという。「私の履歴書」執筆当時、86歳だった岩谷は、次のような健康法を語っている。

「毎朝五時に起きる。日曜、祝日も四季を問わず、七十年以上続けている。起きるとすぐ、脚を開いて床に頭をつけるといった柔軟体操をひと通りしてから、手と手をこすり合わせ、額をこすり、わき腹をこする。目のツボ、耳のツボを押さえる。どれも五十回、百回と数えながらやる。血行を良くするために考え出した我流の健康法である」（『私の履歴書』経済人二十六巻313P）

＊　＊

一芸に秀でる人は、何事も徹底しています。

岩谷は70年以上も我流の健康法を続けていますが、自分にとってよいと思われる健康法を一つひとつ取り入れて、この年月が経ったのでしょう。

年齢とともに体のメンテナンスをする時間が長くなりますが、自分なりの健康法を実践し続ける必要があります。

(4)「体重管理」三宅重光（東海銀行会長）の場合

三宅は明治44年（1911）大阪府生まれで、昭和8年（1933）東京大学を卒業し、日本銀行に入行する。同42年（1967）大阪支店長を最後に退任し、東海銀行に転職。43年

（1968）頭取、のち会長となり、名古屋商工会議所会頭としても、名古屋・中京地区の国際化に貢献した。蔵相、日銀総裁を歴任した井上準之助の娘婿でもある。

三宅には姉が2人、妹が1人あった。1人いた弟は夭折したため、実質的には姉妹に囲まれた一人息子だった。また、生来身体が弱かったため、いっそう過保護に扱われた。そのせいか、彼は弱虫で内気で引っ込み思案で、あまり友達と遊ぶこともなく育った。

成長するにしたがい、こういった性格の欠点を自覚し始め、なんとかこれを直さなければと、座禅、冷水かぶり、電車の吊革ぶら下がりなど人知れずずいぶん試行錯誤を繰り返し、克己心で健康を得る。

しかし、会長に就任したとき、心臓の欠陥が発見され、ペースメーカーを埋め込む手術を受ける。これにより体調は回復したが、それ以後、ペースメーカーで心臓を動かす体になったので、無理はきかなくなった。この状態での健康管理を次のように記している。

「毎週の心電図、月一回の血液および尿検査、さらに数ヶ月に一回のレントゲン検査等で微妙な変化もすぐわかる。私自身も毎日体重を量って太り過ぎないように注意している。私は中年以降かなり太り気味であったが、自分でこれではいけないと思い、徐々に体重を減らしてきて、約十年がかりでピークから十一キロ減らした。そして身長マイナス一〇五ぐらいに達したので、その後はそのまま横ばいをつづけ今日にいたっている。

心臓がこのような次第であるので、運動には限界がある。走ったり力仕事をすることは禁じられている。私は毎朝起きると必ず寝床の上で約三十分間体操をする。これは何々健康法といわれるあらゆるものを参考にして、自分の心臓の負担にならない程度に、しかもあらゆる筋肉のすべてを動かすように、自分で工夫したものである」（『私の履歴書』経済人二十一巻　465P）

＊　　＊

体重測定は、健康チェックに効力を発揮する簡便な方法です。

私は毎日、朝夕と体重を測っていますが、夜に比べて朝は700グラムほど軽くなります。そのリズムをわかったうえで体重を記録していくと、カロリーオーバーや体調不良はすぐわかります。

登場する経済人のなかには、「一病息災」で持病と上手に付き合い、無病の人より長生きをしている方も多いようです。これは、自分の公的存在の責任も強く自覚しているため、健康管理に対する心構えが違っているからだと思いました。

(5)「テニスとゴルフ」加藤誠之（トヨタ自動車販売会長）の場合

加藤は明治40年（1907）愛知県生まれで、昭和5年（1930）関西学院高等商業（現：関西学院大学）を卒業し、日本ゼネラルモーター（GM）に入社する。同10年（1935）神谷正太郎に誘われ豊田自動織機に転じ国産車販売に従事するが、製造と販売を分離したトヨタ自動車販売に同25年（1950）移り、神谷とともに販売面からトヨタを世界企業に育てた人物である。

加藤は母親が42歳のときの子で、男2人、女6人の8人きょうだいの末っ子である。長姉とは20歳以上も違い、すぐ上の姉とは6歳離れていた。兄や姉に厳格だった両親も、末っ子の彼には甘かった。

子だくさんの割には経済的にも恵まれていたため、何不自由なく育てられた。そのせいか身体が弱く、病気ばかりする虚弱児だった。幼児の頃の虚弱体質は、小学校の高学年に進んでも一向に治らなかった。1か月くらいの長欠はザラで、6年生のときは、大病を患って死に直面したこともあった。

しかし、中学になってテニスをやり始めて、虚弱だった身体はすっかり頑強になった。このとき徹底して身体を鍛えたおかげで、それ以後のゴルフなどのスポーツも得意になったという。これらのスポーツは古稀を過ぎても存分に楽しむことができた。

ビジネスで付き合っている海外の人たちとも気軽にプレーできるため、よき潤滑油になっていたと述べ、ハードな健康法を紹介している。

「朝、五時半に目を覚ます。念のため目覚まし時計をかけているが、ベルが鳴る前に目を覚ますのが常である。ＮＨＫのニュースを聞きながら、ベッドの上で真向法を真似た屈伸運動を六十回行う。（中略）それから乾布摩擦を首から始めて胸、腹、背中、腕、手、脚、足と約六百五十回。これで室内運動は終わり。約二十分である。

次いで庭へ出る。まずテニスのラケットを持ち、ゴルフの練習用に張ってあるネットに向かって、サービスを百回打つ。これは腹筋運動に効果的だ。これが終わると、ラケットをクラブに持ち代える。九番、七番、五番、三番、ドライバーで各二十発ずつ、計百回振り回す。これが約三十分だ。

以上が朝食前の日課運動だが、夜に会食やパーティがなく早く帰宅できた時は、夕食後、庭に出てクラブを振ることもある」（『私の履歴書』経済人十九巻　95～96Ｐ）

＊　＊

もう、健康そのものの運動量です。この運動量も、テニスなどで鍛えて年齢とともに次第に慣らしてきたものではないでしょうか。

すぐにこの運動量をこなすことは到底できませんから、ステップアップしながら少しずつ自分の体に馴染ませましょう。

(6)「朝の冷水浴び」大屋　敦（日銀政策委員）の場合

大屋は明治18年（1885）東京都生まれで、同43年（1910）東京大学を卒業し、逓信省に入省する。欧米留学で窒素工業に注目し、大正7年（1918）住友本社に入り、化学畑を歩む。昭和16年（1941）住友化学社長となる。戦後の追放解除後、同23年（1948）に住友ベークライト会長となり、原子力産業会副会長なども歴任した。

中学時代の大屋はクラスで一番背が低く、ひどく病弱でもあった。そのため、中学で1年遅れたうえに、明治35年（1902）の第一高等学校受験のおりに、体格検査で不合格となった。何も知らずに学校の受験場に行ってみると、「右の者体格不合格につき受験を許さず」という張り紙を見て、自分の体格に絶望を感じたという。

この病弱な体格のため、高等学校入学の前後には3年も続けて進学が遅れる結果となった。しかし、80歳を過ぎようとする今日まで健康で生活できるのは「精神力が大事」と力説している。チェーンスモーカーだったが、42歳のとき重大な決意で禁煙を誓い、それを守り通してきた。

その彼が、精神力と健康の関係について次のように述べている。

「〝精神力即健康〟と私は信じている。私の養生法は、たえず萎靡せんとする精神力をいかにして奮い立たせるかに尽きている。私は五十数年間毎朝冷水を浴び続けている。それでいて人並みに風邪もひくし、皮膚がじょうぶになったとも思えぬ。ただ、一度はじめたことは決してやめぬという精神力への一つの試金石と自分に言いきかせている。（中略）

私の若い時代に前途有為の青年が肺病と宣告されたばかりに死んでいった例が数限りなくある。臨床医学が発達していなかったことも一因ではあろうが、精神の弱さがいかに肉体をむしばむものであるかがうかがわれる」（『私の履歴書』経済人七巻　４７７Ｐ）

＊　＊

朝の冷水浴びは、高齢者や血管系の持病がある人にはお勧めできませんが、公益財団法人・天風会会員の私は毎朝、水道水でこれを実行していますが、天風会会員の多くは、朝の冷水浴びで心身をリフレッシュして活動しています。

夏の暑いシーズンから始めると、すんなり受け入れられます。つらいシーズンは１月～２月ですが、４月～６月、９月～11月はとても気持ちのよいものです。

（7）「西式健康法」伊藤忠兵衛（東洋パルプ会長）の場合

伊藤は近江商人の精神を引き継いだ人として名高く、関西系商社伊藤忠、丸紅を育て、事業経営のかたわらカナモジ運動の推進や甲南学園理事長も務めた人物である。

彼は明治19年（1886）滋賀県生まれで、伊藤忠商事創始者・忠兵衛の子である。県立滋賀商業学校（現：滋賀県立八幡商業高等学校）を卒業し、同36年（1903）父親の死去に伴い、17歳で家督を相続し2代目を襲名する。翌37年（1904）関東織物問屋（丸紅飯田）に入り、42年（1909）アメリカに留学し、大正7年（1918）伊藤忠商店・伊藤忠商事社長となる。

伊藤はまわりから健康そのもののように見られていたが、少年時代は腺病質であり、ジフテリアを数度、チフスや肺病にもかかっている。

肺病は水をかぶれば治るという記事を読み、これを徹底実行して治したが、年長になっても風邪にかかりやすく、耳鼻咽喉科の専門患者だった。何かというと、すぐに耳、鼻、のどを痛めていた。

また、死を宣告されて耳の手術を受けたこともあるが、これは1年休養して治した。しかし、15年後に再発して手術を受けるが、どうしても治らず半年間入院するという病体質だった。

そこで友人から西式健康法の療法を聞き、西勝造先生に相談すると、「必ず治る、耳も聞こえるようになる」と断言された。そこで彼は、この託宣に一命を捧げようと決心して実行した、と次のように語っている。

「水浴はお手のものだし、絶食から板に寝、硬い枕に代えるくらいの作法をやったら半月でうみも止まり、よく聞こえるようになった。そして冬は三枚のシャツ、二枚のズボン下をはいたのが、ついに無シャツ、無パンツ、無外とう、無手袋生活と変わった。以来二十五年間、年二度尿の検査を願うが、一切医者との縁を切った。（中略）

昨今の食事は、朝は水、昼はそば、夕食に多量の栄養物をとるが、米は一杯である。……しかしいまだに果実と菓子は人の数倍をやる。（中略）

酒は半合を越えず、百薬の長として善用している」（『私の履歴書』経済人一巻　387P）

＊　　＊

恵まれた生活環境にある現代人は、体を動かすことも、ひもじい思いや寒さに震えてすごすこともありません。

西式健康法は、人間が本来もっている諸機能を復活させるのに役立つ健康法だといわれています。その理由は、自分の体を空腹や耐寒など自然環境に順応させることが、筋肉ならびに血液やその他の機能がいつも眠ってばかりいるのを起こすことになるからだと思います。

（8）「克己心」石川六郎（鹿島名誉会長）の場合

石川は初代経団連会長・石川一郎の六男として、大正14年（1925）東京で生まれる。昭和23年（1948）に東京大学を卒業後、運輸省（現：国土交通省）に入省するが、同30年

（1955）国鉄を退社。

鹿島守之助の次女の婿となり、取締役として鹿島に入社する。社長、会長として原子力発電所、超高層ビル、名神高速道路など大型受注を推進した。また、日本商工会議所の会頭としてもリーダーシップを発揮した人物である。

石川はスポーツ好きで、小学校の運動会ではいつも代表選手になっていた。しかし、小学6年のとき、結核の前段階である肺門リンパ腺炎にかかり、いっさいの運動を禁止された。

中学校に入っても胸の病気が悪化し、欠席気味だった。中学1年の3学期から2年の2学期半ばまで休学しなければならない、重症である。

彼にとって、問題は病そのものより、学校に復帰したあとだった。数学の授業に出てもさっぱりわからないし、休んでいるあいだに代数はどんどん進み、ついていけなくなっていた。その結果、2学期の通信簿は数学だけ落第点になっていたという。

そのとき、石川はつくづく思った。「結局、誰も苦境に陥った自分を助けてくれない。母親やまわりのみんなが看病してくれるし、医者も診療してくれる。しかし、それは支援であって、自分自身が病気を治すという強い意志をもち、なすべき努力をしなければ回復しない」と。

健康時でも、体を強くしていないといつ病魔に襲われるかわからないと気づき、次のように決心する。

「体を鍛えよう。家で体操を始めた。簡単な内容から徐々にきつくし、腕立て伏せや縄跳びをするようになる。夜、はだしでテニスコートを走った。寒くても欠かさなかった。体が良くなるにつれ、勉強も身が入る。中学三年で皆に追い付き、四年になるころには、数学をはじめ成績はトップクラスに戻っていた。

今でも私は毎朝、体操をする。病気だとか早朝に急用があるということがなければ、寝床から始めて一時間はする。竹踏みも千回だ。

中学での大病と数学の成績悪化を経験し、私は生涯を通じて自己を律する指針を得たように思う。『克己心』が人間にとっていかに大事かを身をもって知った。今でも座右の銘にしている」

(『私の履歴書』経済人三十七巻　325P)

＊　＊

石川は中学生のとき、「健康は自分で守るもの」と気づき、誰にも相談せずに自分の体を鍛え始めたといいます。

すぐれた人は意志が強く、自分で決めたことは徹底して継続します。その一つが、晩年の毎日1000回の竹踏みです。この数字は半端ではありません。「自分の健康は自分で守る」という気迫の感じられる数字です。

（9）「食餌療法と梅干」越後正一（伊藤忠商事会長）の場合

越後は、数々の大相場をものにし「相場の神様」とも呼ばれ、伊藤忠商事を世界最大の繊維商社に押し上げ、繊維商社から総合商社に育て上げた立役者である。

彼は明治34年（１９０１）滋賀県生まれで、大正14年（１９２５）神戸高等商業学校（現・神戸大学）を卒業後、伊藤忠へ入社する。この進学は伊藤忠兵衛の援助で可能になったという。

越後は趣味人で、茶道、ゴルフ、小唄、清元、マージャンなどに親しんだ。経営のトップにいると大変な体力がいるため、気分転換にこれらを活用した。

さらに、健康のためには食餌療法が大事だと説く。70キロあった体重を55キロに減量するため、大変な努力をしていた。その中心は玄米食。これは非常に体調がよくなるとして推奨した。玄米に小豆を少量入れて炊き、おにぎりにして梅干を入れ、黒ゴマの粉でまぶした上にさらにおぼろ昆布で包む。それを何十回と噛むという。宴会やゴルフのときでも、この握り飯を持参していた。しかしそれだけではなく、なるべく幅広くいろいろなものを食べることを心がけていた。

なかでも、人間が土から生まれ、また土に返る現実を考えて、にんじん、ごぼう、大根、れんこんなど、土中の熱によってできたものをできるだけ多種類とるようにしていた。それまで寿司が多かった会社の弁当も、幕の内弁当に変えさせた。幕の内のほうが多種類の副食があり、米飯も少ないからだった。

「善意の押し付け」として越後が知人・友人に送りつけて有名なのが、「梅干摂取のすすめ」である。

「だれでもうまいものを食べたいと思うものだ。従って血液が自然に酸性になりがち。中でも酸性中の王者は白砂糖とかつお節。酸性を中和しアルカリに変えるには、梅干の方がキャベツの三百倍以上の効力があって、百グラムの白砂糖を中和するのにキャベツの三千三百グラムに対し、梅干はわずかに十グラムで足りるという。（中略）それほど梅干は大切な食べ物である。（中略）

実はまだほかに、電気をあてる方法などもいろいろあるのだが、こうして私は信じる健康法を懸命にやって、一日一日を有意義に、希望を持って送ることにつとめている。だれでも五、六十歳までは健康だが、問題はそれから先の十年、二十年だ。よほどの健康管理をうまくやらないと、長生きは難しい」（『私の履歴書』経済人十六巻　２２０～２２１Ｐ）

＊　＊

越後も、カルピスの三島と同様、自己の健康法を詳しく書いています。

それは、「60歳以後の健康管理をうまくやらないと健康を維持できない」という親切心でもあるでしょう。彼は美食を多くとりがちな友人・知人に良質の梅を樽で送りつけたというエピソードもあります。

越後の厚意はうれしいが、もらった人はさぞかし複雑な気持ちだったのかもしれません。

(10)「朝風呂」瀬川美能留(野村証券会長)の場合

瀬川は明治39年(1906)奈良県生まれで、昭和4年(1929)大阪高等商業学校(現・大阪市立大学)を卒業し、野村証券に入社する。同34年(1959)社長になり、営業基盤を広げ内部留保を厚くして、情報化に備えるため、40年(1965)に野村総合研究所を設立した。

瀬川は体格堂々として顔も日に焼け、健康そのものに見えた。少年時代、毎日奈良の山奥の山野を飛びまわって遊んでいたので、これが足腰を鍛錬することになった。小学校4年のときの相撲大会で早くも6年生全員をやっつけ、全校の横綱になった。県の相撲大会にも選抜されるほどの偉丈夫だった。

長じて野村証券に入り、若いときは体力に自信があったため、営業活動で昼から夜まで東奔西走して働いた。夜は宴席が3つも4つもあっても平気で楽しく飲み、翌朝まで持ち越す深酒になることもしばしばだった。

そんなあるとき、瀬川が日活の堀久作社長を訪れた際、酒くさい息を感づかれたのか、堀社長がじっと彼をみつめ、朝風呂に入ることを勧めてくれた。

このとき瀬川は、経済界の大先輩に対して大変な失態を演じたにもかかわらず、親切に助言をいただいたことで自分を大いに恥じた。また、先輩である野村証券・北裏喜一郎社長の助言をも関連づけて次のように生かしている。

「『瀬川君、私は朝風呂にはいることにしている。ぬるい湯に毎朝はいって、深呼吸を二十回ほどする。そうすると酒くさい息がきれいになって、もちこされた酒が体内から全部抜けてしまう。そして新しい気持ちで仕事につくことができる。朝風呂がいちばん健康的だから君もそうしたらどうか』という、大変親切なご注意をいただいたので、私は早速それを実行して、爾来二十年余りずっと朝風呂の習慣を続けている。（中略）

また、北裏社長から、健康の秘訣はからだのアナの部分を大事にすることだ。病気はすべてのアナからはいる。口を大事にし、鼻を大事にし、そのほかからだの中のアナというアナを大事にすること、これが最良の健康法であると教えられた。そこで、はなはだ尾籠なお話で恐縮だが、私はすこし痔の気があって毎朝快便をしたあとで、時に便が下着に残ったりすることがある。そこで快便のあと必ず風呂に飛び込んでアナというアナを全部洗ってよごれのないきれいなからだになって、そう快な気持ちで仕事のスタートをきる、ということを考え出した」（『私の履歴書』経済人十三巻　２２０～２２１Ｐ）

私もこの記事を読み、現役時代に前夜に飲みすぎたときはぬるめの朝風呂につかることにし、同僚や部下にも勧めていました。

若いときは元気にまかせて、はしご酒で翌朝アルコールが抜けていないときもあります。ビジネスで人と会う場合は、特に注意しましょう。

＊　＊

この項では、「私の履歴書」に登場した執筆者たちの、さまざまな「健康法」を紹介しました。

これらの健康法に共通することは、「自分が決めたことは必ず長期にわたって実行していること」「1日の生活のリズムの中に、必ず自分に合った健康プログラムを取り入れていること」の2点でした。

そのことにより、一見ハードな健康法や運動量も、各自の体に合ったものになっているのです。

「私の履歴書」で語られている、執筆者個々人に合った健康法を参考に、読者の方も自分に合った方法を見つけていただければ、と思います。

4　お金を味方にする方法

私にとって、これも健康法と同様、興味あるテーマでした。

お金を味方にする原理原則は読者のみなさんもいろいろな書物でお読みになり、なんとなくわかっているものの、実行するとなると思うようにいかないのが実情ではないでしょうか。

ここでは、読者への思いやりにあふれた助言3例を紹介します。

(1)「タネ銭の必要性」大谷米太郎（大谷重工業社長）の場合

大谷は、「自分で苦労してつくったタネ銭もなく、親の財産や他人の財産をアテにしているような人間に、ロクな人間はいない。また、そうした人間の事業がうまくいこうはずもない。自分の腕を磨くにはともかく、このタネ銭を持たなくてはできない」という哲学をもっていた。

明治14年（1881）に富山の寒村に生まれた大谷は、31歳で上京する。相撲界を経て大正4年（1915）東京ロール製作所を創業するが、昭和15年（1940）企業統合し、大谷重工業とする。同39年（1964）の東京オリンピックに合わせて、ホテルニューオータニを開業し、日本のトップクラスのホテルに育て上げた。また、晩年は相撲界発展のため、蔵前国技館の建設にも貢献した。

大谷は上京の際、母親の作った握り飯と20銭だけ持って上野に着いた。深川の木賃宿で15銭払って泊まる。朝飯は3銭の焼き芋だった。相部屋になった顔利きに頼み込み、荷揚げの仕事にありついた。それは、船から陸地に渡された1枚の板を伝って砂糖袋を陸揚げする仕事だった。普通の人夫は肩に1俵乗せるのが精一杯だが、大谷は23貫（86キロ）もある2俵を軽々と担いだから、みんなはびっくりした。「まるで弁慶だ」。1日働いて1円28銭を手にし、人夫姿を整えたという。

その後、風呂屋、米屋、相撲取り、酒屋などの地道な商売を始めて、コツコツとタネ銭を貯めた。彼はこの「タネ銭の大切さ」を「私の履歴書」掲載時の冒頭で読者に訴え、最後の稿でももう一度、次のごとく「タネ銭哲学」を強調している。

「自分に力をつけるのも、信用を得るにも金である。私がタネ銭をつくれというのは、いたずらに金を残すのを楽しめというのではない。苦しみながら、タネ銭をためていくと、そこにいろんな知恵、知識が生まれてくるということだ。血のにじんだ金である以上、そう簡単には使えない。それは道理であろう。一本のえんぴつ、一枚の紙を買うにも、よく吟味して買うことになる。万事このようにタネ銭をつくるというのは、ただ〝もとがね〟を積み上げていくことだけでなく、その金があらゆる知恵と知識を与えてくれることになるのだ。〝タネ銭をつくれ〟というのは、そうした意である。その結果、もしタネ銭が十万円できたとしたなら、ものの考え方は一万円しかタネ銭がないときより、はるかに豊かに、大きな知恵と計画が出てくるものだ。これが〝タネ銭哲学〟の効用である」(『私の履歴書』経済人十一巻　465P)

＊　　＊

タネ銭の額で持ち主の考え方が違ってくる――そしてその人間の器も違ってくる。

この哲学は、私も父親から教えられましたが、多くの読者もこれに同感されると思います。これをどの程度まで実行するかは、各人の生き方が問われています。

それを確認すれば、あとは自分の人生観に照らして実践するのみです。

(2)「株式投資で失敗しない研究」石井　久(立花証券会長)の場合

石井は「独眼流」のペンネームをもち、相場の予言を次々と的中させたため、彼の信奉者は財界人や経済専門家も含めて多い。

大正12年(1923)福岡県に生まれた石井は、昭和21年(1946)警視庁に入所し、巡査となる。そして同23年(1948)東京自由証券に入社するが、株式新聞の記者などを経て、28

年（１９５３）29歳のときに石井株式研究所と、江戸橋証券を創立する。32年（１９５７）には立花証券を買収し、江戸橋証券と合併、同社社長となる。

農家に生まれた石井は、小学校卒業後、鉄工所に勤め、終戦と同時に弁護士を目指して上京する。しかし、巡査となったものの結婚と戦後の猛烈なインフレとで思うにまかせず、株の世界に入る。証券会社の無給社員として仕事を覚え、歩合渉外員として独立する。

学識ゼロと自認する石井が経験不足を補うために必死で勉強したのが、失敗の研究だった。明治11年（１８７８）以来、70年にわたる取引所の歴史を調べ、「株成金」の言葉を生んだ鈴木九五郎や松谷天一坊についての本を読むなど、徹底して失敗の研究を行なった。

その結果、相場で大儲けすると、どんな人間でも例外なく奢り、別荘を持ち、女を囲い、書画・骨董にうつつを抜かし、有名人と付き合って身を持ち崩していた。それならその逆をやればよい、というのが石井の結論だった。

そして自分を厳しく律した。朝は6時に起床、6時半にニュースを5分間聞き、新聞を読み、7時にトイレ、朝風呂、10分で食事をとり、7時25分に家を出て8時に出勤。夜の宴会は1次会で失礼し、11時には就寝するという徹底ぶりだった。

「株式投資の要諦は、大天井と大底で間違えないことである」の鉄則は、株式投資をする人にとって当たり前だが、周囲がまだ経験とカンを頼りにしていたなか、石井の相場観測は因果関係を分析し、数字を使って論理的に結論を導く、次のようなものだった。

「株の世界では早耳筋とか事情通であることが重要であると思われがちだ。私もよく『どんな情報ルートをお持ちですか』と聞かれるが、特殊なものがあるわけではない。私の勉強法は八割が新聞、雑誌、書籍から得た情報や知識で、人の話を聞く耳学問はあとの二割にすぎない。迷惑になるといけないのでお名前は差し控えるが、私が〝簿外資産〟と呼んでいるおよそ百人のその道の専門家の方々の意見を参考にして、自分の考えをつくってきた。

相場観測では政策をどう読むかが重要なことは言うまでもない。だが、官僚や政治家は政策を動かす権力を握ってはいても、実際に政策を左右するのは国際収支であり、今なら経常収支の動向である。米国の財務長官発言が為替を動かすのではなく、その背景にある日本の黒字が円高をもたらして、政策を発動させるのだと理解している」(『私の履歴書』経済人三十巻　１４２～１４３Ｐ)

＊　＊

相場の成功者である立花証券の石井久と山種証券の山崎種二が一致している株の要諦は、株を「売る」「買う」だけではいけない。「休む」ことの必要性を山崎は、軍隊の経験から軍隊を例にとり、「行軍するとき、休みなしに強行軍すると、兵隊はバタバタ倒れる。やはり休みを挟んで行軍しなければならぬ。相場も同じだ」と力説しています。

株で利益を上げた客は「お金を休ませる」ことができなければ、金持ちになれないと警告しています。

(3)「相場カンの要諦」越後正一(伊藤忠商事会長)の場合

前出(本章200P)の越後は、戦後のドッジライン、民間貿易再開、朝鮮動乱など、激動の時期、伊藤忠商事の名古屋支店長だった。

近藤紡績、豊島などが凄惨な仕手戦を演じた名古屋の土地で独自の相場のカンを身につけ、昭和26年(1951)前後の繊維大暴落のときを売り抜け、当時の10億円を超える利益を収めた。

しかし、28年(1953)に入ると、スターリン相場、7月の朝鮮休戦協定調印と矢継ぎ早の暴落で、商社の倒産が続出し始めた。そして本人も心労が重なり、ついに血を吐いて入院となる。それでもベッドに電話を置いて、穀物三品取引などの重要事項の指示を出していた。

暴落後の片づけが終わると、今度は強いデフレ政策が打ち出されたので、景気はさらに悪くなったが、繊維の輸出を推進し、需給関係の各種資料を研究して、三品市場における取引に臨んだ。

その結果、この大不況時に逆に業績を上げ、名古屋時代に次いで大阪時代も、再び総額で10億円を超える巨大な利益を上げることができた。

また、石油危機など予想もしなかった昭和40年(1965)代前半に、批判を押しのけて、採掘量も定かでないジャワ原油の販売権を取得し、西イリアン石油開発に投資したのも、名古屋で培った相場カンの賜物だった。その〝相場カン〟について彼は、次のように書いている。

「綿花、羊毛、砂糖、小麦、木材等世界的な商品は、諸情勢によって、世界の各市場において価格変動を繰り返しているものである。この実体を考える時、どんな企業であっても、世界を相手として活動する以上は、絶対に市況ないしは商品相場に敏感であることが必要である。商社は、そのほかに、為替相場の変動、海上運賃の推移に至るまで、各種の市況見通しが大切で、これら一つ一つの市況判断を間違えば、大変な危険に陥るのだ。（中略）

私のやり方を要約すると、相場の判断は商品の継続的な需給関係を中心として、それに過去の上げ下げの値幅とその期間を最重要ポイントにおく。それから全体としての景気動向を考え合わせて結論をだすのだが、無論永年の経験によって最後の断を下すのだ」（『私の履歴書』経済人十六巻　191〜192P）

＊　　＊

穀物三品取引など、商品相場は私にはまったくわかりませんが、興味ある読者もいらっしゃると思い、ここに採り上げました。

このページの前後では、越後の相場観の判断基準を詳しく紹介しています。

ここで紹介した「お金を味方にする」助言では、それぞれの成功者がその成功経験をもとにアドバイスしてくれたものです。

この助言を忠実に、かつ愚直に徹底して行なう人のみが、願望を達成できるのだと思いました。

5　大地震の対応

東日本大震災の際、私は千葉のＪＲ稲毛駅ビル内の書店から出口に向かっていました。一瞬めまいがしたように感じ、歩くことも難しくなりました。

まわりの人もお互いの顔を見つめ合いながら不思議そうな顔をしていましたが、誰かが「地震だ！」と叫ぶと、「きゃー」という声とともにいっせいにみんなが出口に殺到します。

店の陳列品もグラグラ揺れています。泳ぐような足どりですから、思うように足が前に進みません。ようやく出口にたどり着くと、女性たちは抱き合って青い顔をして立ちすくんでいました。

数分後に自宅マンションに着くと、エレベーターはストップ、４階の室内に入ると、落ちた絵や本などが散乱していたものの、食器やガラス類の破損はありませんでした。すぐテレビをつけ、大地震・津波情報を見続けることになりましたが、刻々と津波被害が拡大していく様子を、息を詰めて見つめるばかりでした。

マグニチュード9・0、震度7という数字の意味がわからず調べると、「マグニチュード」は地震の規模（エネルギー）を表す単位で、9・0は国内観測史上最大であり、阪神・淡路大震災M7・3に比べて300倍以上の規模だという。

一方、「震度」は地震によってどれだけ揺れたかの強度だと書かれていました。今回の震度7は阪神・淡路大震災と同じですが、その揺れの時間は阪神の15秒に比べ、5分と20倍も長かったため、被害が東北から関東圏にまで増大したといいます。

東京都内、神奈川、千葉、埼玉でも一部が震度5強の揺れがありましたので、地下鉄を含む交通機関は首都圏全域で全面ストップし、空も成田空港が運航を取り止めるなど、大混乱でした。阪神・淡路大震災は直下型地震（内陸地震）の震度7でしたが、大正時代に発生した関東大震災は海溝型地震で震度6でした。

吉村昭著『関東大震災』（文春文庫）、「大正大震災誌」（報知新聞付録、大正12年9月）、ウィキペディアを参考に要約すると、関東大震災の被害は次のように甚大なものだったことがわかります。

「関東大震災は大正12年（1923）9月1日（土）午前11時58分、神奈川県相模湾沖を震源地として発生したマグニチュード7・9、海溝型の大地震による災害であった。東京、神奈川、千葉、茨城から静岡の東部まで、広い範囲に甚大な被害をもたらし、日本災害史上最大の被害を与えた。

死者・行方不明者は14万2800人、負傷者は10万3700余人、避難人数は190万人以上、住家全壊は12万8300余戸、住家半壊は12万6000余戸、住家焼失は44万7000余戸と記録されている。

地震の発生時刻が昼食の時間帯と重なったことから、136件の火災が発生した。最大の火災原因は薬品であった。大学や製造所、工場、研究所など、化学薬品棚の倒壊による各地の発火が被害を大きくした。当日、台風の影響により関東地方全域で風が吹いていたため、強風に煽られ火災が次第に広がっていった。死者は地震の揺れによる建物倒壊などの圧死があるものの、強風を伴った火災による死傷者が多くを占めた。鎮火したのは2日後の9月3日午前10時頃とされている。

東京の建物の被害としては、12階建てで有名な浅草の凌雲閣が大破、建築中だった丸の内の内外ビルディングが倒壊し、作業員300余名が圧死した。また、大蔵省、文部省、内務省、外務省、警視庁など官公庁の建物や、帝国劇場、三越日本橋本店など、文化・商業施設の多くが焼失した。

一方路上では、特に神奈川県の根府川駅をちょうど通りかかっていた列車が、駅舎・ホームもろともに土石流により海中に転落し、１００人以上の死者を出し、さらにその後に発生した別の土石流で村の大半が埋没、数百名の犠牲者を出した。

また、東京市内の約６割の家屋が罹災したため、多くの住民は近隣の避難所に移動した。９月５日に避難民１万２０００人以上を数え、集団避難所は１６０か所を記録している。最も多い場所は寺社の59か所、次いで学校の42か所であった。また、陸軍のテントを借り受け、明治神宮外苑、宮城（皇居）前広場、日比谷公園などにも設営が行なわれた」

以上の予備知識をもって、次にご紹介する「私の履歴書」からの３例を読むと、大震災の恐ろしさをまざまざと実感させられます。

三越の松田伊三雄は退避したあとに本店が焼失することになりますが、ビル内の混乱の恐ろしさを、東京電力の青木均一は路上にいたときの激震の様相を、そして帝国ホテルの犬丸徹三は厨房からの火災発生回避を生々しく証言してくれています。

(1)「三越本店内」松田伊三雄（三越会長）の場合

前述（第一章50Ｐ）した松田は、店舗内にいて大震災の恐怖を次のように証言している。

「大正十二年（一九二三）九月一日。朝のうち激しい驟雨に見舞われた東京は、昼前には晴れ上がり、初秋の日差しが照り付けていた。その日は月初めだったので、私は一ヵ月分の食券を買い、地下の食堂で昼食をとろうとしていた。赤飯の定食だった。セルフサービスで膳を運び、テーブルに向かったとたん、地鳴りとともにググッと上下動を伴った激震に見舞われた。電灯も消え、真っ暗になった。

やがて薄明るい常夜灯がついたとき、目に入ったのは、ひとりひとりがことごとく前の人につかまって、数珠つなぎになっている光景であった。水道管が破裂したのか、水が床にあふれ、すのこが浮いている。お客の下足を取っていた時代だから私たちも靴したにカバーをかけていただけである。足もとがおぼつかなく、靴だけでも持ち出そうと、私物箱のところに行ったが、水が三十センチほどあふれていて靴どころではない。

とにかく職場に戻ろうと階段を捜すと、滝のように水が落ちている。余震の中をやっと四階のレコード売り場にたどりついた。散乱した品物や伝票の整理をしようと、カウンターの前に立ったところへ大きな揺れがきた。当時、レコードははしごをかけて棚から取り出したほどだから、見上げるほど上まで積んであった。その上の方のレコードが数枚、スーッと抜けて落ちてきた。これは危ないと身を引いたところへ、ガラガラと数千枚のレコードが落ちてきたのである。いまのLP盤と違って、材質も硬く型も大きい。これが何千枚と一挙にくずれ落ちたのだから、気付くのが一瞬おくれたらその下敷きとなり、命もなかっただろう。

くり返し襲ってくる余震の中で、商品整理を済ませ、シャッターを閉めた午後四時ごろやっと帰宅命令が出た。交通機関は途絶しているので、千駄ヶ谷の下宿まで歩いて帰った。警視庁前を通ると、道路が一面に地割れしていた」（『私の履歴書』経済人十四巻　３４２〜３４３Ｐ）

＊　　＊

吉村昭著『関東大震災』の被災者の証言によると、震度6は「必死になって立ち上がろうとしたが、土地が上下となく、前後となく、左右となく、複雑に揺れて立つことができなかった。丁度、暴風雨に襲われた小舟の甲板に立っているようであった」とあります。

今回の東日本大震災でも東京は震度5強ですが、高層ビルの最上階では横揺れが1〜3メートルあり、「とても立ってはおれず、床に座り込むしかなかった」と経験者は語っています。

陳列商品で重量物や壊れやすい貴重品は、身の安全・保護と物の保全の観点から、対応策が必要です。

(2)「有楽町界隈の路上」青木均一（東京電力社長）の場合

前述（第一章25Ｐ）した青木は、大震災の路上体験を次のように証言している。

「関東の大震災は、全く思いがけないできごとだった。私はちょうど路上におって、有楽町のガードをくぐったときだったが、瞬間なにごとぞと思っただけで、地震という連想はつかなかった。すぐ道路の真ん中に飛び出して、同行の友人にくるようにうながしたが、彼は両手を広げて泳ぐような格好をしたが、なかなか私の近くにこれなかった。地面は波をうち、そこから丸ノ内へんをながめたときには、両側のビルディングがいまにも相うつかと思った。

目の前の有楽町のプラットホームの屋根が大きな音を立てて倒れ、電車を待っていた数十のお客は路線に飛び降りた。有楽町駅のすぐ近くのふろ屋がつぶれて、土煙がモウモウと上にあがった。ガードの横に煉瓦造りの変電所があったが、これがグラグラとくずれ、そのくずれた煉瓦の中から血だらけの男が飛び出してきた。これみな一瞬のできごとである。このとき、ようやく大地震だということが自分にもわかった。

東京毛織の本社の建物は、いまの日劇のところにあった。木造四階建で古い建物だから、いまにもつぶれるかと手に汗して見ていたが、幸い無事だった。地震が終わると、全社員、表に飛び出してきた。聞いてみると立っていることができなくて、皆はいつくばってしまったそうだ。たしかにあれくらい揺れると、道路であろうと、屋内であろうと、歩くことは困難になる。

間もなくあちこちに火災が起きて、消防ポンプもかけつけてきたが、消火せんがだめで、手のつけようがなかった。そのうちに各方面に火事の煙が上がってきた。二時過ぎには、早く帰らないと危険だという声がだれいうとなく出て、私も赤坂の下宿にかえろうとした。回り道をして赤坂見附までたどりつくと、下宿あたりは焼け落ちたあととわかったので、そのまま青山五丁目にあった浦松君の家に押しかけて居候となった」（『私の履歴書』経済人四巻　２３１～２３２Ｐ）

震度7以上になると、古いビルの倒壊、古い木造建物の密集地帯の火災や自動車事故による引火発生、道路の液状化などによる混乱で首都圏の交通網は寸断され、６００万人といわれる帰宅難民が大発生すると予想されています。

＊　　　　　＊

ＮＨＫ特別番組の今回の東日本大震災検証では、都内から近隣県に帰宅しようとする人たちは、ビルの窓ガラスの崩落、道路上の事故自動車や古い木造住宅地が火災発生し、次々と燃え広がっていきますから、帰宅すること自体が危険と警告しています。

これらの情報から、行政はもちろんですが、各自が今から自衛方法を考えなければなりません。

（3）「帝国ホテル開業披露日の厨房」犬丸徹三（帝国ホテル社長）の場合

前述（第一章55Ｐ）した犬丸は、大正12年（１９２３）９月１日の開業披露当日、昼食に約５００人の名士を招待して祝宴を張り、続いて演芸場で余興を公開するという順序になっていた。

彼は早朝から準備に忙殺されたが、正午少し前、客の来場を待つばかりとなったところへ、突然に大地震が襲来してきた。時に午前11時58分。地鳴りの音を聞いたと思った瞬間、足元を突き上げる激動を感じた。開業披露の当日大地震が発生するとは、なんたる運命のめぐり合わせであろうか。すべては天命なるかなと思ったという。

しかし、この災厄は同時に、このホテル建物の優秀さを実証する結果をもたらした。ホテルは倒壊を免れた。最初の激動の中で、犬丸は建物の倒壊についてはなんの不安ももたなかった。ホテルの窓ガラスは、それから続いた前後数十回の震動にも1枚も破損しなかったからである。

ここで犬丸は、ハッと厨房の火災発生を未然に防ぐ必要に気づき、次のようにすぐ行動を開始し、危機一髪で回避する。

「最初の震動が終わると、私は無意識のうちに料理場へ駆けつけた。料理人たちの姿は見えず、油の大なべをのせた電気ストーブが赤々と燃え、周囲には油が転々とこぼれて火焔を上げている。なべに火がはいったら万事休すである。私の叫ぶ声に応じて台の下から三人の菓子職人がはい出して来た。私は油滴の火を消すように命じ、壁のスイッチを切ったが、どうしたことかストーブが消えない。すぐメーン・スイッチを切らせてストーブは消えたが、同時に全館の電灯が一斉に消えて暗くなった」（『私の履歴書』経済人四巻　４２０Ｐ）

犬丸はその後、一段落したので山下橋の方角へ出ると、東京電灯（現：東京電力）本社の窓から早くも黒煙が噴き出していた。

ここでこのホテルが焼失したら、彼の一生の間にはこのホテルは絶対に建築不可能だとの考えが、閃光のように脳裏を貫いた。消防の努力で東電本社の火をどうにか防ぐことができたが、今度は愛国生命のビルに火が移った。リレー式で水を運び宿泊旅客総出の協力を得て、ようやく愛国生命の建物も火難に遭うことなく焼け残ったという。

都内は一面凄惨なる火の海と化し、日比谷公園は避難する人であふれんばかりの状態を呈してきた。犬丸はこの危局に際し、独自の判断で宿泊客のすべてに対し、宿泊料を無料とし、外部からねぐらを求めてくる人も同様の取り扱いとした。

食事はシチューのような簡単なものを提供し、同時に付近の建物から避難してきた人にもたき出しを行なって握り飯を供し、非常に感謝されたという。

明けて9月2日、付近の火勢は依然猛烈をきわめ、多くの建物が順次焼け落ちてゆく。3日目に入ってようやく火災は大体終息した。

日比谷一帯は茫たる焼け野原となり、諸所には余燼がいまだ消えず、そのあいだを着のみ着のままの避難者の群れが右往左往するありさまは、まことに筆舌に尽くしがたい惨状であったと語っている。

*　　*

今回の東日本大震災の発生時も、帝国ホテルでは関東大震災時の教訓が生きており、当日帰宅できなかった人や宿泊場所を確保できなかった人たち約2000名をホテル館内に留めさせ、スープや乾パンなどを提供したといいます。

ほかの都内の一流ホテルと評されているところも同様で、寝場所と食料を提供したと聞いています。

最悪の被害をもたらした関東大震災ですが、それにより学ぶこともまた多くあったのです。

この項では、記憶に新しい東日本大震災を念頭に、関東大震災について語っている「私の履歴書」を紹介しました。

関東大震災の震度6強の被害を参考に、これから起こる可能性の高い阪神・淡路大震災と同じ震度7の大震災について考える必要があります。

首都圏の交通網の寸断、大火災や液状化、そして帰宅難民の大発生などの大混乱に、自治体や企業、家庭も今から防衛策を考えておく必要を強く感じます。

第四章　「私の履歴書」執筆者分類

第一章「仕事のヒント」から第三章「人生のヒント」までは、登場する経営者がどのように育てられ、また、彼らがどのように考え、生きてきたかを集めたものでした。

私は、40余年間に登場した人物をデータベース化し、客観的に整理・分類・分析すると、何か違ったものが見えてくるかもしれないと考えました。

そこで、郷土の出身者や出身校、入社・入省歴、生誕年などを調べてみると、意外な事実を発見することができました。思わぬ出身地だったり、出身校、入社歴、生誕年だったりしたのです。

また、産業の業種別や芸能界などのジャンル別の登場人物一覧では、過去にどのような有名人が掲載されたのかが一目瞭然です。そうすると、「同じ業界では超有名人なのに、なぜあの人は登場しなかったのだろうか」という疑問も湧いてきます。その理由を考えたり調べたりするのも楽しみの一つなのです。

次に紹介するいろいろな分類で、読者のみなさんにも新しい発見があると思います。また、違った視点の分類があれば教えていただきたいと思います。

1　郷里の出身者がわかる

読者の郷里の先輩や親戚・知人はどなたでしょうか。また、転勤先や今の住んでいる県の出身経営者はどなたでしょうか。

2　関係した出身校がわかる

登場する経済人は、旧制高校の人脈を誇らしく紹介しています。先輩あり、同輩あり、後輩ありです。そこには多感な青春時代をすごした濃密な人間関係が存在すると思い、調べてみました。すると興味深い人脈が浮かび上がってきました。

2－1　旧制高校

戦前期を通じて旧制高校はわずか33校しかなく、大変なエリート学校でした。しかも1クラスの定員は40人以下、全学生数は1校４８０人以下と定められていました。

第一高等学校だけが例外的に1学年３００人と認められていましたが、それでも3学年で１０００人以下です。この少数の学生が、多感な3年間を同じクラス、同じ寮ですごすことになります。

同級生の間に深い人間関係が生まれないほうが、むしろ不思議なくらいで、ここで育まれた人脈が政界、官界、経済界で活躍するとき協力しあうことになります。

このことは、旧制高校だけに言えることではありません。専門教育を目的とした実業専門学校や大学、それに一般の専門学校も一つひとつが、今に比べて桁外れの小さな学校であったため、濃密な人間関係が築き上げられていきました。

2―2　最終学歴

読者のみなさんの尊敬する経営者の出身校をご確認ください。

3　主な入社・入省がわかる

経済界で活躍した人も、「私の履歴書」を読んでいると、入社（省）時の企業とはまったく違った分野の人も多くいました。出身母体関係以外の経営者を太字にしました。

何といっても官庁に入省して経済界で多く活躍した省庁は大蔵省ですが、かつての通産省に該当する農商務省や商工省が意外と少ないと思いました。

また、私企業では、戦前の三井、三菱の財閥系が人材の供給源だったことがわかります。そして、意外な人が意外な入社・入省をしているのに驚きます。

4―1　産業界の業種別掲載者がわかる

業種別に分けるか産業別に分けるか、いろいろ検討しましたが、業種では分類が多すぎるので、日本経済新聞の株式欄で使われている産業単位を参考にしました。それでも多すぎるため、これを中心に筆者の独断で分類しました。

その結果、見やすくなった反面、コングロマリット企業の分類で苦労しました。不完全な分類ではありますが、読者のご意見をいただきながら、適正な位置に今後修正していきたいと考えています。

4－2　どの企業に執筆者が多いかがわかる

業種別一覧で概略がわかっても、同一企業の経済人が複数名いると、何人が登場したのか数え直すことがあります。

そこで、ここではそれをまとめて一覧にしました。

4名も登場しているトヨタ、三井物産、野村証券は「多いなぁ」の一語ですが、中部電力の場合は、東邦電力が母体となっているとはいえ、意外性があります。松永安左エ門は電力界再編に尽力したので東京電力や九州電力の経営にも関与していたことがわかります。

5　各界リーダーに影響力のあった人がわかる

昭和31年（１９５６）から日本経済新聞朝刊の文化欄に掲載された「私の履歴書」には、平成15年（２００３）末まで（47年間）の登場人物が６５０名でした。そのうち経済人のみ（総数２４３名）を収録した別冊三十八巻が平成16年（２００４）10月に刊行されました。これを購入したところ、「経済人・別巻総索引」が付録として送られて来ました。この執筆者２４３名が本文に記載している先輩、友人・知人、親族などの名前は、約1万3000名あったそうです。この有名人がどのような人に影響を受けたのか、非常に興味があるので調べてみました。

まず、財界人の引用回数では、永野重雄・松下幸之助（32）が双璧で、次いで石坂泰三（29）、小林一三・松永安左エ門（27）、渋沢栄一・中山素平（26）、稲山嘉寛（25）でした。意外に思えたのは、明治初期の国立銀行や基幹産業および教育などに多大な貢献をして子爵となった渋沢栄一は第6位であり、また、東芝の再建や経団連会長として財界総理として評価の高かった石坂泰三は、新日鐵の永野重雄のそれに及びませんでした。

その理由を私なりに考えてみると、渋沢栄一や石坂泰三は、政府系の仕事や産業全体の仕事が多く、企業単位の個人的な相談ごとは永野重雄や松下幸之助に及ばなかったと思えます。関東では永野重雄と松永安左エ門が、関西では松下幸之助と小林一三が中心となって経営者の経営指南役を果たしたことになります。

経済界でも金融機関のリーダーは、「財界の鞍馬天狗」と言われ、企業の浮沈に数多くかかわった日本興業銀行の中山素平（26）が筆頭で、次いで第一次行財政改革の委員長であった三井銀行の佐藤喜一郎（23）、次いで日銀総裁も務めた三菱銀行の宇佐美洵（14）でした。関西では住友銀行の堀田庄三（13）が筆頭で、富士銀行の岩佐凱実（12）、大蔵次官ののち神戸太陽銀行の合併を成功させた石野信一（9）、住友銀行の磯田一郎、伊部恭之助（8）、都民銀行の工藤昭四郎（8）、東京銀行の堀江薫雄（8）などが影響力のあった人となります。

政治家で総理大臣の経験者では、吉田茂・池田勇人（31）が双璧で、岸信介（25）、田中角栄・福田赳夫・井上準之助（21）、大平正芳（18）、中曽根康弘（17）、石橋湛山・近衛文麿・佐藤栄作（15）などに続いて、芦田均・浜口雄幸（13）、伊藤博文・高橋是清・東條英機（12）、大隈重信・鳩山一郎（11）、原敬（10）の順でした。戦後の政治・経済の舵取りをした吉田茂と池田勇人が同列首位の影響力とは意外な気もしますが、所得倍増で日本経済を大躍進させた首相として池田は高く評価されていると感じました。政治の宿敵関係であった田中と福田が同じ順位であるのも興味深いですが、ノーベル平和賞を受賞した佐藤栄作や大勲位勲章の中曽根が大平よりも低い引用というのも、経営者心理として興味深く感じました。また、行政人として東京知事や台湾行政に手腕を発揮した後藤新平（19）の高評価がひときわ光っていました。

外国の政治家では、トップは戦後日本国統治の連合軍総司令官だったダグラス・マッカーサー（20）であり、次いで台湾総督府の蔣介石（11）、中国では元首の毛沢東ではなく首相の周恩来（8）が日本の経営者リーダーに多大の影響を与えた人でした。

日銀総裁経験者では、井上準之助（21）、渋沢敬三（20）、一万田尚登（18）、結城豊太郎（17）、宇佐美洵（14）、森永貞一郎（13）、佐々木直（11）、山際正道（10）、新木栄吉・前川春雄（9）の順でした。井上は大蔵大臣や首相を務め、金恐慌時代の金融政策の舵取りをした人物ですから高評価は当然ですし、渋沢敬三は渋沢栄一の孫に当たり、大蔵大臣も経験しているので順当と思えます。しかし、昭和金融恐慌のとき消極策の井上に対し、積極策をとった高橋是清は首相、蔵相を井上と同様に経験して金融行政に功績を残していても12回の引用数ですから、井上から離されています。これはなぜなのか不思議な気もしています。また、純粋の日銀マンとしての引用は、金融界の法皇として君臨した一万田が第1位で、次いで結城、佐々木、新木、前川の順となっています。

教育界では、福沢諭吉（23）、末広厳太郎（21）、小泉信三（16）、新渡戸稲造・河合栄治郎・河上肇（15）の順でしたが、意外なのは、柔道家でもあり、東京高等師範学校（現：筑波大学）の校長であった加納治五郎（9）が入っていることでした。

その他、軍人では、首相経験者の東條英機（12）と山本権兵衛（9）の他、山本五十六（11）と瀬島龍三（8）がいました。驚いたのは、華厳の滝に飛び込み自殺した藤村操（9）や、文豪の誉れ高い夏目漱石や森鷗外を差し置いて久米正雄（1891生まれ）が多く引用されていたことでした。藤村の場合は、当時の学生はそれだけ多感で純粋だった証左だと思いますし、久米の場合は、きっと一高・東大時代の仲間がここに多く登場したからなのだろうと思われます。

今回は平成15年までに執筆した経済人だけなので、それ以降の経済人、他の政治家や官僚、作家、芸術家などの執筆者の引用数を入れれば、この順位はずいぶん変わると思います。しかし、戦前・戦後の日本経済を牽引し、リーダーシップを発揮した人々が大きく影響を受けた各界のリーダーを知る一つの目安になるのは間違いないとも思います。この別巻索引の項目を一つひとつ数えながら、その回数ごとに人名を書き込んでいくと人名の一覧表ができ、それを見ながらその人の業績や人徳、親族関係、その理由などに思いを馳せるのも楽しいものです。

6 恩師・恩人がわかる

「私の履歴書」には、さまざまな人たちが登場し、影響を受けた人たちについて想い出を語っています。そのなかには必ずといっていいほど恩人や恩師が出て、その人とのめぐり会いで執筆者のそれからの人間形成に大きな役割を果たしたことに気づきます。

振り返れば、私にとっても大学進学や就職のとき、また社会人として困難に直面したとき、そのときどきに信頼できる人に相談し、勇気づけられたり助けられたりしました。

そこで執筆者に多大な影響を与えた人は誰かは、大いに興味にあるところですので、ここに越後正一・伊藤忠商事会長の恩師を代表例として紹介します。

「再面接で私は即座に伊藤忠に採用が決定、また忠兵衛さんから八幡商業へ入学するようにと勧めていただいた。

こうして、熱望していた医学方面にはないにしても、長年抱き続けていた進学の夢が、忠兵衛さんに面接した時、一挙に現実のものとなり、父も私の手をとって涙せんばかりに喜んでくれた。

私はしみじみ思う。人の一生は、よき指導者にめぐり合うことができるかどうかが、まずその人の運命を大きく左右する。十数年前に、もし私が伊藤忠兵衛さんに会うという幸運に恵まれなかったらいまの私はあり得なかっただろう。しかも運よくめぐりあう機会に恵まれても、認められる何かを持っていなければならないし、またそれを見抜く眼力ももちろん必要である。いずれかその一つが欠けても幸運はやって来なかったのだ。それを思う時、私はすべての条件が合致した若き日の自分の幸運を、やはり神仏のご加護としか思いようがないのである」（『私の履歴書』経済人十六巻　１６６Ｐ）

同じ狙いで、執筆した登場人物が人生行路の転機（入学・卒業・就職・結婚・転勤転職など）に際して進むべき道を示唆し、また実際に援助や斡旋を行なうという、当人にとって非常に重要な人物を〝レファラント・パーソン（指示対象となる人物）〟と名づけて、調査・発表した浜口恵俊編著『日本人にとってキャリアとは』（日本経済新聞出版社）に詳しく書かれています。

この本の対象者は、昭和32年（１９５７）に始まり49年（１９７４）に完結した『私の履歴書』50巻（約２７０名が中心）です。興味のある方はぜひご覧ください。

私の場合は、今回の経済人対象の２９３名に対して恩師を抽出しましたが、その中で複数名から恩師として感謝されている人をまとめました。

7　執筆者の生誕年で同世代人がわかる

この分類の狙いは、同世代にはどのような人がいるのだろうかということです。

執筆者の「履歴書」だけでは、人間関係が一面的で、前後の人脈もわからないと思ったのです。

この分類一覧を見ると、執筆者の同年代や前後の人物がわかりますので、交友関係の理解に役立ちました。

執筆者の最も多い生誕年は、明治29年（1896）と明治32年（1899）の13名で、ついで明治36年（1903）の12名です。

執筆者の最も多い期間は、明治26年（1893）から明治36年（1903）の11年間で、85名（全体295人：78年間）がおり28・8%に当たります。

8　経済人以外はどんな人が登場しているのだろう

「私の履歴書」には、政治、官僚、スポーツ、芸術、落語、歌舞伎、狂言、文楽、囲碁、将棋などあらゆる分野の名士が登場して、その世界の生きた知識や技術・ノウハウを惜しげもなく披瀝してくれています。読者が興味や関心をもつ分野の登場人物を探し出し、再読されてはいかがでしょう。きっと、懐かしい人、尊敬する人の意外な事実が発見できることでしょう。

その再読の方法については、第五章にインターネット・図書館などでの調べ方を書いてありますのでご覧ください。

9　執筆者のうち親戚・縁者の関係がわかる

縁戚・関係者は、私が経済人だけを読了して、わかった人たちだけを対象にして抽出しました。

政治家や文化人も含めて、全部の執筆者は読了しておりません。

このほかにも縁戚・関係者がいると思われますが、ご了承ください。

1　都道府県別・出生地一覧（1956・3～2011・3）

氏名欄の（　）内は執筆当時の役職名、掲載は昭和61年（1986）末までの執筆者（経済人二十四巻までの収録者と洩れていた経済人）、太字はそれ以降の人。都道府県欄にある（　）内数字は太字表記の有無で増加。（＊）は、章末注（286P）を参照。

出生都道府県	氏　名
北海道（3→4）	平塚常次郎（大日本水産会会長）、佐藤　貢（雪印乳業社長）、町村敬貴（北海道酪農主）、**松田昌士**（JR東日本相談役）
山形（4）	伊藤保次郎（三菱鉱業社長）、池田亀三郎（三菱油化会長）、北沢敬二郎（大丸会長）、田口連三（石川島播磨会長）
宮城（5→6）	内ヶ崎贇五郎（東北電力社長）、渡辺政人（東北開発社長）、大槻文平（日経連（＊1）会長）、早川種三（興人管財人）、菊池庄次郎（日本郵船会長）、**塚本幸一**（ワコール会長）
福島（1→2）	木川田一隆（経済同友会代表幹事）、**高橋政知**（オリエンタルランド相談役）
茨城（7）	河田　重（日本鋼管社長）、川又克二（日産社長）、高杉晋一（三菱電機会長）、市川　忍（丸紅会長）、黒沢酉蔵（雪印乳業相談役）、江戸英雄（三井不動産会長）、戸田利兵衛（戸田建設社長）
栃木（4）	井深　大（ソニー会長）、柳田誠二郎（日本航空社長）、横山通夫（中部電力会長）、川村勝巳（大日本インキ会長）
群馬（3→5）	山崎種三（山種証券社長）、大屋晋三（帝国人造絹絲社長）、**新井正明**（住友生命会長）、**澄田智**（前日銀総裁）、**矢嶋英敏**（島津製作所会長）
埼玉（3→4）	遠山元一（日興証券会長）、新関八洲太郎（三井物産社長）、萩原吉太郎（北海道炭礦会長）、**鳥羽博道**（ドトールコーヒー名誉会長）
千葉（4→6）	石毛郁治（三井東圧会長）、安西正夫（昭和電工社長）、茂木啓三郎（キッコーマン醤油社長）、井上　馨（第一勧銀会長）、**根本二郎**（日本郵船会長）、**松原　治**（紀伊國屋書店会長）
東京（28→64）	堀　久作（日活社長）、石坂泰三（経団連（＊2）会長）、藤山愛一郎（東商（＊3）会頭）、諸井貫一（秩父セメント社長）、石塚粂蔵（日本製鋼所会長）、福田千里（大和証券会長）、早川徳次（早川電機工業会長）、三村起一（石油開発公団総裁）、大屋　敦（軽金属統制会長）、稲山嘉寛（経団連（＊2）会長）、井上五郎（中部電力会長）、法華津孝太（極洋捕鯨会長）、植村甲午郎（経団連（＊2）会長）、

東京（28→64）	土川元夫（名古屋鉄道会長）、小原鐵五郎（全国信用金庫理事長）、宇佐美洵（日銀[*4]総裁）、渡辺　武（前アジア開銀[*5]総裁）、日高　輝（山一證券社長）、田辺茂一（紀伊國屋書店社長）、弘世　現（日本生命会長）、川井三郎（協栄生命会長）、川喜多長政（東宝東和会長）、駒井健一郎（日立製作所社長）、大野　勇（森永乳業会長）、山田徳兵衛（人形問屋吉徳社長）、梁瀬次郎（ヤナセ自動車社長）、川崎大次郎（第百生命会長）、片柳真吉（農林中金[*6]顧問）、**山下　勇**（JR東日本会長）、**杉浦敏介**（日本長銀[*7]会長）、**五島　昇**（日商[*8]会頭）、**八尋俊郎**（三井物産会長）、**谷村　裕**（元東証理事長）、**磯崎　叡**（サンシャインシティ相談役）、**勝田龍夫**（日債銀[*9]会長）、**森　泰吉郎**（森ビル社長）、**吉野俊彦**（山一證券研・特別顧問）、**中山善郎**（コスモ石油会長）、**竹見淳一**（日本ガイシ相談役）、**松沢卓二**（富士銀行相談役）、**石原　俊**（日産自動車相談役）、**永山武臣**（松竹会長）、**館　豊夫**（三菱自動車相談役）、**横河正三**（横河電機名誉会長）、**諸橋晋六**（三菱商事会長）、**八城政基**（シティバンク在日代表）、**福原義春**（資生堂会長）、**坂倉芳明**（三越相談役）、**永野　健**（三菱マテリアル相談役）、**佐波正一**（東芝相談役）、**伊部恭之助**（住友銀行最高顧問）、**渡辺文夫**（東京海上火災相談役）、**飯田　亮**（セコム創業者）、**村上信夫**（帝国ホテル料理顧問）、**小倉昌男**（ヤマト福祉財団理事長）、**石川六郎**（鹿島名誉会長）、**伊藤雅俊**（イトーヨーカ堂会長）、**井植　敏**（三洋電機会長）、**長岡　實**（元東証[*10]理事長）、**佐藤安弘**（キリンビール相談役）、**渡邉恒雄**（読売新聞主筆）、**吉田庄一郎**（ニコン相談役）、**潮田健次郎**（住生活グループ前会長）、**西岡喬**（三菱重工業相談役
神奈川（1→5）	佐藤喜一郎（三井銀行会長）、**鈴木治雄**（昭和電工名誉会長）、**春名和雄**（丸紅会長）、**行天豊雄**（国際通貨研究所理事長）、**近藤通生**（博報堂最高顧問）
新潟（4→7）	大川　博（東映社長）、藍沢彌八（平和不動産社長）、塚田公太（トーメン会長）、斎藤英四郎（経団連会長）、**両角良彦**（総合エネルギー調査会会長）、**上山善紀**（近畿日本鉄道相談役）、**米山　稔**（ヨネックス会長）
山梨（3→5）	石橋湛山（前首相）、赤尾好夫（旺文社社長）、水上達三（三井物産会長）、**日向方斉**（関経連[*11]会長）、**小林宏治**（日本電気会長）
長野（7→12）	五島慶太（東京急行会長）、小川栄一（藤田観光社長）、進藤武左ヱ門（水資源開発公団総裁）、小林　勇（岩波書店会長）、田口利八（西濃運輸社長）、樫山純三（オンワード樫山会長）、田中

長野（7→12）	文雄（王子製紙会長）、**米沢　滋**（電電公社総裁）、**宮崎　輝**（旭化成社長）、**坂口幸雄**（日清製油会長）、**小坂善太郎**（日本国連協会（*12）会長）、**鈴木敏文**（セブン&アイHD会長）
岐阜（0→1）	**椎名武雄**（日本IBM最高顧問）
静岡（6→8）	中山　均（静岡銀行頭取）、岡野喜太郎（駿河銀行会長）、青木均一（東京電力会長）、本田宗一郎（本田技研工業社長）、川上源一（日本楽器製造会長）、高柳健次郎（ビクター技術顧問）、**鈴木英夫**（兼松名誉顧問）、**大賀典雄**（ソニー会長）
愛知（10→13）	伊藤次郎左衛門（松坂屋代表）、石田退三（トヨタ自工社長）、司　忠（丸善会長）、木下又三郎（本州製紙社長）、神谷正太郎（トヨタ自販会長）、安井正義（ブラザー工業会長）、竹田弘太郎（名古屋鉄道会長）、乾　豊彦（乾汽船会長）、豊田英二（トヨタ自動車会長）、山田光成（日本信販会長）、**賀来龍三郎**（キヤノン会長）、**山路敬三**（日本テトラパック会長）、**長谷川薫**（レンゴー社長）
三重（2→3）	伊藤傳三（伊藤ハム社長）、加藤誠之（トヨタ自販会長）、**岡田卓也**（イオン名誉会長）
富山（3）	河合良成（小松製作所社長）、大谷米太郎（ホテルニューオータニ社長）、吉田忠雄（YKK社長）
石川（2）	犬丸徹三（帝国ホテル社長）、時国益夫（キリンビール会長）
滋賀（7）	堤　康次郎（前衆議院議長）、伊藤忠兵衛（伊藤忠商事社長）、山岡孫吉（ヤンマーディーゼル社長）、奥村綱雄（野村証券会長）、嶋田卓彌（蛇の目ミシン社長）、野村與曽市（電気化学工業社長）、越後正一（伊藤忠商事社長）
京都（6→13）	大谷竹次郎（松竹歌劇団社長）、永田雅一（大映社長）、石原廣一郎（石原産業社長）、砂野　仁（川崎重工会長）、川勝　伝（南海電鉄社長）、湯浅佑一（湯浅商事会長）、**堀場雅夫**（堀場製作所会長）、**村田　昭**（村田製作所会長）、**宇野　収**（東洋紡相談役）、**樋口廣太郎**（アサヒビール名誉会長）、**井上紀之**（ダイキン工業会長）、**安居祥策**（日本政策金融公庫総裁）、**大倉敬一**（月桂冠相談役）
大阪（9→16）	高碕達之助（経済企画庁長官）、山本為三郎（アサヒビール社長）、坂　信弥（大商證券社長）、松田恒次（東洋工業社長）、三島海雲（カルピス社長）、島　秀雄（宇宙開発事業団理事長）、三宅重光（東海銀行頭取）、田鍋　健（積水ハウス社長）、黒田暲之助（コクヨ会長）、**水野健次郎**

大阪（9→16）	（美津濃社長）、**岩村英郎**（川崎製鉄会長）、**佐治敬三**（サントリー会長）、**高木文雄**（横浜みなとみらい21社長）、**中内　功**（ダイエー会長）、**中邨秀雄**（吉本興業会長）、**島野喜三**（シマノ会長）
兵庫（9→12）	井上貞治郎（聯合紙器社長）、和田完二（丸善石油社長）、中部謙吉（大洋漁業社長）、井植歳男（三洋電機会長）、鹿島守之助（鹿島建設会長）、土井正治（住友化学会長）、小林節太郎（富士ゼロックス社長）、西川政一（日商社長）、素野福次郎（TDK会長）、**牛尾治朗**（ウシオ電機会長）、**武田國男**（武田薬品会長）、**生田正治**（商船三井最高顧問）
奈良（2→4）	瀬川美能留（野村総研社長）、池田謙三（三菱信託会長）、**石橋信夫**（大和ハウス会長）、**野田順弘**（オービック会長）
和歌山（4）	松下幸之助（松下電器社長）、杉山金太郎（豊年製油会長）、北裏喜一郎（野村証券会長）、田嶋一雄（ミノルタカメラ会長）
鳥取（1→2）	足立　正（東商会頭）、**鬼塚喜八郎**（アシックス社長）
島根（3→4）	永野重雄（日商会頭）、加藤辨三郎（協和発酵会長）、小汀利得（評論家）、**岩谷直治**（岩谷産業会長）
岡山（4→5）	中山幸市（太平住宅社長）、岡崎嘉平太（全日空相談役）、稲垣平太郎（日本貿易会会長）、土光敏夫（経団連会長）、**林原　健**（林原社長）
広島（5→6）	小田原大造（大商[*13]会頭）、竹鶴政孝（ニッカウヰスキー会長）、河野一之（神戸太陽銀行会長）、鈴木　剛（ホテルプラザ社長）、進藤貞和（三菱電機会長）、**岡田　茂**（東映相談役）
山口（5）	杉　道助（ジェトロ理事長）、栗田淳一（日本石油社長）、鮎川義介（中政連[*14]総裁）、中安閑一（宇部興産会長）、和田恒輔（富士電機会長）
徳島（2）	原　安三郎（日本化薬社長）、堀江薫雄（東京銀行頭取）
香川（3）	広瀬経一（北海道拓殖銀会長）、松田伊三雄（三越社長）、大社義視（日本ハム社長）
愛媛（1→3）	高畑誠一（日商会頭）、**後藤康男**（安田火災海上名誉会長）、**高原慶一朗**（ユニチャーム会長）
高知（1→2）	東条猛猪（北海道拓銀会長）、**樫尾忠雄**（カシオ相談役）
福岡（6→8）	出光佐三（出光石油社長）、石橋正二郎（ブリヂストン社長）、安川第五郎（安川電機会長）、佐々部晩穂（松坂屋会長）、倉田主税（日立製作所社長）、田代茂樹（東レ会長）、**石井　久**（立

福岡（6↓8）	花証券会長）、**江頭匡一**（ロイヤル創業者）
佐賀（3↓5）	松尾静磨（日本航空会長）、市村　清（リコー会長）、江崎利一（グリコ会長）、**永倉三郎**（九州電力会長）、**田中精一**（中部電力会長）
長崎（4↓5）	井村荒喜（不二越社長）、松永安左ェ門（電力中央研理事長）、野田岩次郎（ホテルオークラ社長）、槙田久生（日本鋼管会長）、**江頭邦雄**（味の素会長）
熊本（4↓5）	奥村政雄（日本カーバイド社長）、久保田豊（日本工営会長）、本田弘敏（東京ガス会長）、立石一真（立石電機会長）、**山本卓眞**（富士通名誉会長）
大分（2）	安藤豊録（小野田セメント社長）、安藤楢六（小田急電鉄会長）
宮崎（1）	岩切章太郎（宮崎交通社長）
鹿児島（0↓2）	**本坊豊吉**（薩摩酒造社長）、**稲盛和夫**（京セラ名誉会長）
英国（1）	**槙原　稔**（三菱商事相談役）
中国（1）	柏木雄介（東京銀行会長）
台湾（1）	**安藤百福**（日清食品会長）
韓国（3）	**金川千尋**（信越化学社長）、**田淵節也**（野村証券元会長）、**成田　豊**（電通最高顧問）
シンガポール（1）	**稲葉興策**（日商会頭）
183↓285（＋102）	

＊外国出身経営者6名は除くが、小坂善太郎（信越化学元取締役）は入れた。

●執筆者の多い都道府県の順位
1. 東京都　64名
2. 大阪府　16名
3. 京都府、愛知県　13名
5. 兵庫県、長野県　12名
7. 静岡県　　8名
8. 新潟県、滋賀県　7名

県民人口に比べて、教育県の長野県、新潟県、滋賀県の輩出ぶりは素晴らしい。逆に人口比で神奈川県、埼玉県、千葉県の人数が少ないのは意外でした。

●昭和62年（1987：大正、昭和時代生まれの経営者が中心の出生地）以降に多く執筆者が出た順位
1. 東京都　36名
2. 大阪府　7名
3. 京都府　7名
4. 長野県　5名
5. 神奈川県　4名

長野県はこの期間にも多くの人が輩出しています。東京都が倍増している原因は、都市の人口集中化が進み、父親が都市で成功した結果と思われます。（例：五島　昇、井植　敏）

●昭和61年（1986）末までの執筆者（経済人二十四巻まで）とそれ以後の経済人掲載比率
・昭和61年（1986）末までの執筆者（経済人二十四巻では168名）は184名（洩れていた経営者を入れたため）全体の執筆者数は447名でしたので、その経済人掲載比率は41・16％でした。
・昭和62年（1987）から平成23年（2011）3月末までの経済人執筆者は295名全体の執筆者数は738名ですから、その経済人執筆比率は39・97％で1・19ポイント減っています。しかし、近年の場合、外国人やジャンルも広がりましたので、同程度の比率かもしれません。

2−1 旧制高校出身者一覧

	学校名		氏名				
国立	第一高等学校（現：東京大学）	29	石坂泰三 経団連会長 第一生命・東芝	安川第五郎 原子力発電社長 安川電機会長	伊藤保次郎 三菱鉱業社長	諸井貫一 秩父セメント社長	佐々部晩穂 名商（＊15）会頭 松坂屋会長
			三村起一 石油資源開発社長	柳田誠二郎 海外経済協力基金総裁	大屋　敦 日銀政策委員 住友化学	岩切章太郎 宮崎交通会長	佐藤喜一郎 三井銀行会長
			北沢敬二郎 大丸会長	井上五郎 中国電力会長 中経連（＊16）会長	岡崎嘉平太 全日空相談役	植村甲午郎 経団連副会長 日本放送社長	稲垣平太郎 ゼオン相談役
			池田謙三 三菱信託相談役	渡辺　武 前アジア開発銀行総裁	島　秀雄 宇宙開発事業団理事長	大槻文平 三菱鉱業セメント会長	駒井健一郎 日立製作所会長
			河野一之 太陽神戸銀行相談役	三宅重光 東海銀行会長	谷村　裕 元東京証券取引所理事長	磯崎　叡 サンシャインシティ相談役	新井正明 住友生命会長
			両角良彦 総合エネルギー調査会長	長岡　實 元東証理事長 日本たばこ元社長	行天豊雄 国際通貨研究所理事長		
	第二高等学校（現：東北大学）	5	内ヶ崎贇五郎 東北電力社長	高杉晋一 三菱電機相談役	稲山嘉寛 八幡製鉄社長	菊池庄次郎 日本郵船会長	永野　健 三菱マテリアル相談役

国　立

学校	人数					
第三高等学校（現：京都大学）	13	池田亀三郎 三菱油化社長 加藤辨三郎 協和発酵工業社長 田鍋 健 積水ハウス社長	福田千里 大和証券社長 土井正治 住友化学工業社長 八城政基 シティバンク在日代表	鹿島守之助 参議院議員 鹿島建設元会長 湯浅祐一 湯浅電池社長 牛尾治朗 ウシオ電機会長	広瀬経一 北海道拓銀会長 鈴木 剛 プラザホテル社長	木下又三郎 本州製紙社長 宇野 収 東洋紡相談役
第四高等学校（現：金沢大学）	6	河合良成 小松製作所社長 戸田利兵衛 戸田建設会長	河田 重 日本鋼管社長	時国益夫 麒麟麦酒社長	土川元夫 名古屋鉄道社長	川井三郎 協栄生命保険会長
第五高等学校（現：熊本大学）	8	栗田淳一 日本石油社長 安藤豊禄 小野田セメント相談役	奥村政雄 日本カーバイト社長 宮崎 輝 旭化成工業社長	進藤武左ヱ門 水資源開発総裁 賀来龍三郎 キヤノン会長	久保田 豊 日本工営社長	堀江薫雄 前東京銀行会長
第六高等学校（現：岡山大学）	3	永野重雄 富士製鉄社長	松沢卓二 富士銀行相談役	金川千尋 信越化学社長		
第八高等学校（現：名古屋大学）	3	坂 信弥 大商証券社長	田中文雄 王子製紙会長	豊田英二 トヨタ自動車会長		
山形高（現：山形大学）	4	木川田一隆 東京電力社長	安西正夫 昭和電工社長	田口連三 石川島播磨重工業会長	高橋政知 オリエンタルランド相談役	
新潟高（現：新潟大学）	2	斎藤英四郎 新日鐵会長	上山善紀 近畿日本鉄道相談役			

区分	学校	人数	執筆者				
	水戸高（現：茨城大学）	4	小川栄一 藤田観光社長	法華津孝太 極洋捕鯨社長	江戸英雄 三井不動産会長	片柳真吉 農林中央金庫顧問	
	浦和高（現：埼玉大学）	3	山下　勇 JR東日本会長	高木文雄 横浜みなとみらい21社長	石原　俊 日産自動車相談役		
	松本高（現：信州大学）	3	井上　薫 第一勧業銀行名誉会長	小林宏治 日本電気会長	稲葉興作 日商会頭		
	静岡高（現：静岡大学）	3	山路敬三 日本テトラパック会長	渡辺文夫 東京海上火災相談役	根本二郎 日本郵船会長		
	高知高（現：高知大学）	2	東条猛猪 北海道拓殖銀行会長	進藤貞和 三菱電機名誉会長			
	佐賀高（現：佐賀大学）	2	松尾静磨 日本航空社長	永倉三郎 九州電力前会長			
7年制	東京高校（現：東京大学）	9	米沢　滋 電電公社総裁	日向方斉 関経連（*11）会長	岩村英郎 川崎製鉄会長	杉浦敏介 日本長銀会長	鈴木治雄 昭和電工名誉会長
			舘　豊夫 三菱自動車相談役	伊部恭之助 住友銀行最高顧問	小倉昌男 ヤマト福祉財団理事長	渡邉恒雄 読売新聞主筆	
	浪速高（現：大阪大学）	2	佐治敬三 サントリー会長	松原　治 紀伊國屋書店会長			
私立	武蔵高（現：武蔵大学）	3	吉野俊彦 山一證券（研）特別顧問	佐波正一 東芝相談役	近藤道生 博報堂最高顧問		

区分	学校	人数					
私立	成蹊高（成蹊大学）	2	石川六郎 鹿島名誉会長	槇原 稔 三菱商事相談役			
	甲南高（甲南大学）	3	川上源一 日本楽器製造会長	水野健次郎 美津濃社長	堀場雅夫 堀場製作所会長		
国公立商業	東京高商（予科含）（現：一橋大学）	17	新関八洲太郎 第一物産社長（三井物産）	足立 正 日商会頭（三井物産）	大屋晋三 帝国人造絹糸社長	青木均一 東京電力社長	犬丸徹三 帝国ホテル社長
			石塚粂蔵 日本製鋼所会長	塚田公太 倉敷紡会長	川又克二 日産自動車社長	野村與曽市 電気化学工業社長	本田弘敏 東京瓦斯会長
			茂木啓三郎 キッコーマン醤油社長	水上達三 日本貿易会会長	川村勝巳 大日本インキ化学工業相談役	野田岩次郎 ホテルオークラ会長	槇田久生 日本鋼管会長
			八尋俊郎 三井物産会長	鈴木英夫 兼松名誉顧問			
	神戸高商（現：神戸大学）	7	出光佐三 出光興産社長	市川 忍 丸紅飯田会長	和田恒輔 富士電機製造相談役	高畑誠一 日商岩井相談役	越後正一 伊藤忠商事会長
			西川政一 日商岩井相談役	北裏喜一郎 野村証券会長			
	大阪高商（現：大阪市大）	2	杉山金太郎 豊年製油会長	瀬川美能留 野村証券会長			
工業	蔵前高専（現：東京工大）	4	石毛郁治 東洋高圧社長	中安閑一 宇部興産社長	土光敏夫 経団連名誉会長	高柳健次郎 日本ビクター顧問	
	慶應（予科含）（現：慶應大学）	23	杉 道助 大商会頭（大和紡績）	藤山愛一郎 外相（日本精糖）	伊藤次郎左衛門 松坂屋社長	萩原吉太郎 北海道炭礦汽船社長	松永安左エ門 電力中央研究所理事長

予科			稲垣平太郎 ゼオン相談役	宇佐美 洵 日本銀行総裁	松田伊三雄 三越会長	田辺茂一 紀伊國屋書店社長	横山通夫 中部電力相談役
			早川種三 興人相談役	大野 勇 森永乳業相談役	田嶋一雄 ミノルタカメラ会長	梁瀬次郎 ヤナセ社長	山田光成 日本信販会長
			黒田暲之助 コクヨ会長	本坊豊吉 薩摩酒造社長	田中精一 中部電力会長	竹見淳一 日本ガイシ相談役	横河正三 横河電機名誉会長
			福原義春 資生堂会長	坂倉芳明 三越相談役	椎名武雄 日本IBM最高顧問		
私立	早稲田（予科含）（現：早稲田大学）	7	原 安三郎 日本化薬社長	堤 康次郎 前衆議院議長 西武鉄道・百貨店元社長	中山 均 日銀政策委員 静岡銀行元頭取	石橋湛山 前首相 東洋経済新報社元社長	井深 大 ソニー社長
			竹田弘太郎 名古屋鉄道社長	岡田卓也 イオン名誉会長			
	大倉商業（現：東京経済大）	3	堀 久作 日活社長	永田雅一 大映社長	森 泰吉郎 森ビル社長		
	関西学院高商（現：関西学院大）	2	小林節太郎 富士写真フイルム会長	加藤誠之 トヨタ自販会長			
他	学習院（高校含）（現：学習院大学）	3	弘世 現 日本生命保険社長	五島 昇 日商会頭	永山武臣 松竹会長		
	東亜同文書院（現：愛知大学）	2	坂口幸雄 日清製油会長	春名和雄 丸紅会長			

・掲載者2名以上の学校を対象とした。
・ナンバースクールだけは見やすくするため最初に掲載した（七高の鹿児島大学出身は、安藤楢六（小田急電鉄会長）のみ）。
・ナンバースクール以外は地理的に東の所在地から表示した。
・旧制高、高等商業、高等工専、大学予科、その他の順とした。
・国公立と私立を分けた。
・旧制7年制高等学校のメリットは、入学者が熾烈な高等学校受験を経験しなくてすむという点がある。旧制7年制高等学校に入学を許された小学校卒業生は、他校の中学生の受験勉強を横目に、幼いときからLiberal arts and sciencesにふれて育まれ、そのまま「帝国大学」への切符を手に入れることができるという超エリートであった。
・「他」はどこに分類して良いか分からないが、重要なので掲示した。
・人名の配列は執筆掲載順とした。
・東亜同文書院：1901年（明治34）5月26日、上海に設立された。1921年（大正10）には専門学校令による外務省の指定学校となり、各県から優秀者2～3名が推薦され入学、4年間留学した。1945年（昭和20）8月、日本の敗戦に伴い、閉学となった。
　東亜同文書院時代に着手された『中日大辞典』編纂事業は愛知大に引き継がれ、東亜同文会を継承する霞山会と愛知大は理事の相互就任など密接な関係を有してきている。

2－2 最終学歴一覧

学校名	氏名				
東京大学（97）	五島慶太 東急会長	石坂泰三 経団連会長	河合良成 小松製作所社長	河田 重 日本鋼管社長	安川第五郎 原子力発電社長
	栗田淳一 日石社長	伊藤保次郎 三菱鉱業社長	内ヶ崎贇五郎 東北電力社長	諸井貫一 秩父セメント社長	池田亀三郎 三菱油化社長
	三村起一 石油資源開発社長	奥村政雄 日本カーバイト社長	坂 信弥 大商証券社長	柳田誠二郎 海外経済協力基金総裁	大屋 敦 日銀政策委員
	鹿島守之助 参議院議員	高杉晋一 三菱電機相談役	鮎川義介 中政連総裁	稲山嘉寛 八幡製鉄社長	岩切章太郎 宮崎交通会長
	佐藤喜一郎 三井銀行会長	北沢敬二郎 大丸会長	久保田豊 日本工営社長	井上五郎 中電会長・中経連会長	法華津孝太 極洋捕鯨社長
	岡崎嘉平太 全日空相談役	植村甲午郎 経団連副会長	堀江薫雄 前東京銀行会長	永野重雄 富士製鉄社長	時国益夫 麒麟麦酒社長
	木下又三郎 本州製紙社長	木川田一隆 東京電力社長	安西正夫 昭和電工社長	土井正治 住友化学工業社長	池田謙三 三菱信託相談役
	渡辺 武 前アジア開発銀行総裁	日高 輝 山一證券会長	島 秀雄 宇宙開発事業団理事長	米沢 滋 電電公社総裁	大槻文平 三菱鉱業セメント会長
	弘世 現 日本生命保険社長	安藤豊禄 小野田セメント相談役	江戸英雄 三井不動産会長	安藤楢六 小田急電鉄会長	駒井健一郎 日立製作所会長
	戸田利兵衛 戸田建設会長	片柳真吉 農林中央金庫顧問	河野一之 太陽神戸銀行相談役	東条猛猪 北海道拓殖銀行会長	三宅重光 東海銀行会長

東京大学（97）

宮崎　輝 旭化成工業社長	井上　薫 第一勧業銀行名誉会長	菊池庄次郎 日本郵船会長	豊田英二 トヨタ自動車会長	斎藤英四郎 新日鐵会長
田鍋　健 積水ハウス社長	柏木雄介 東京銀行会長	日向方斉 関経連会長	山下　勇 JR東日本会長	小林宏治 日本電気会長
岩村英郎 川崎製鉄会長	杉浦敏介 日本長銀会長	五島　昇 日商会頭	鈴木治雄 昭和電工名誉会長	永倉三郎 九州電力前会長
谷村　裕 元東証理事長	磯崎　叡 サンシャインシティ相談役	新井正明 住友生命会長	吉野俊彦 山一證券（研）特別顧問	澄田　智 前日銀総裁
高木文雄 横浜みなとみらい21社長	松沢卓二 富士銀行相談役	宇野　収 東洋紡相談役	舘　豊夫 三菱自動車相談役	両角良彦 総合エネルギー調査会会長
山路敬三 日本テトラパック会長	八城政基 シティバンク在日代表	永野　健 三菱マテリアル相談役	佐波正一 東芝相談役	伊部恭之助 住友銀行最高顧問
渡辺文夫 東京海上火災相談役	山本卓眞 富士通名誉会長	高橋政知 オリエンタルランド相談役	牛尾治朗 ウシオ電機会長	根本二郎 日本郵船会長
小倉昌男 ヤマト福祉財団理事長	石川六郎 鹿島名誉会長	岡田　茂 東映相談役	松原　治 紀伊国屋書店会長	長岡　實 元東証理事長
金川千尋 信越化学社長	行天豊雄 国際通貨研究所理事長	渡邉恒雄 読売新聞主筆	吉田庄一郎 ニコン相談役	成田　豊 電通最高顧問
近藤道生 博報堂最高顧問	西岡　喬 三菱重工業相談役			

慶應大学（26）

杉　道助 大商会頭（大和紡績）	藤山愛一郎 外相（日本精糖）	伊藤次郎左衛門 松坂屋社長	萩原吉太郎 北海道炭礦汽船社長	松永安左エ門 電力中央研究所理事長
稲垣平太郎 ゼオン相談役	宇佐美　洵 日本銀行総裁	松田伊三雄 三越会長	田辺茂一 紀伊國屋書店社長	横山通夫 中部電力相談役
早川種三 興人相談役	大野　勇 森永乳業相談役	田嶋一雄 ミノルタカメラ会長	梁瀬次郎 ヤナセ社長	山田光成 日本信販会長
黒田暲之助 コクヨ会長	本坊豊吉 薩摩酒造社長	田中精一 中部電力会長	竹見淳一 日本ガイシ相談役	横河正三 横河電機名誉会長
福原義春 資生堂会長	坂倉芳明 三越相談役	林原　健 林原社長	矢嶋英敏 島津製作所会長	島野喜三 シマノ会長
生田正治 商船三井最高顧問				

一橋大学（20）

新関八洲太郎 第一物産社長（三井物産）	足立　正 日商会頭	大屋晋三 帝国人造絹糸社長	青木均一 東京電力社長	犬丸徹三 帝国ホテル社長
石塚粂蔵 日本製鋼所会長	塚田公太 倉敷紡会長	川又克二 日産自動車社長	野村與曽市 電気化学工業社長	本田弘敏 東京瓦斯会長
茂木啓三郎 キッコーマン醤油社長	水上達三 日本貿易会会長	川村勝巳 大日本インキ化学工業相談役	野田岩次郎 ホテルオークラ会長	槇田久生 日本鋼管会長
八尋俊郎 三井物産会長	森　泰吉郎 森ビル社長	小坂善太郎 日本国連協会会長	鈴木英夫 兼松名誉顧問	江頭邦雄 味の素会長

京都大学（18）

奥村綱雄 野村証券会長	福田千里 大和証券社長	佐々部晩穂 名商会頭	小川栄一 藤田観光社長	広瀬経一 北海道拓銀会長
砂野　仁 川崎重工社長	加藤辨三郎 協和発酵工業社長	土川元夫 名古屋鉄道社長	湯浅佑一 湯浅電池社長	鈴木　剛 プラザホテル社長

京都大学（18）	勝田龍夫 日債銀会長	堀場雅夫 堀場製作所会長	永山武臣 松竹会長	八城政基 シティバンク在日代表	上山善紀 近畿日本鉄道相談役
	樋口廣太郎 アサヒビール名誉会長	田淵節也 野村証券元会長	安居祥策 日本政策金融公庫総裁		
早稲田大学（9）	原　安三郎 日本化薬社長	堤　康次郎 前衆議院議長	中山　均 日銀政策委員（静岡銀行）	石橋湛山 前首相	井深　大 ソニー社長
	小汀利得 評論家	竹田弘太郎 名古屋鉄道社長	岡田卓也 イオン名誉会長	佐藤安弘 キリンビール相談役	
神戸大学（8）	出光佐三 出光興産社長	市川　忍 丸紅飯田会長	和田恒輔 富士電機製造相談役	高畑誠一 日商岩井相談役	越後正一 伊藤忠商事会長
	西川政一 日商岩井相談役	北裏喜一郎 野村証券会長	素野福次郎 TDK会長		
東京工業大学（蔵前高含）（5）	石毛郁治 東洋高圧社長	中安閑一 宇部興産社長	土光敏夫 経団連名誉会長	高柳健次郎 日本ビクター顧問	稲葉興作 日商会頭
九州大学（5）	松尾静磨 日本航空社長	進藤武左ヱ門 水資源開発総裁	田中文雄 王子製紙会長	進藤貞和 三菱電機名誉会長	賀来龍三郎 キヤノン会長
大阪市立大学（4）	杉山金太郎 豊年製油会長	松田恒次 東洋工業社長	瀬川美能留 野村証券会長	高原慶一郎 ユニチャーム会長	
北海道大学（3）	佐藤　貢 雪印乳業社長	町村敬貴 北海道町村牧場主	松田昌士 JR東日本相談役		
東北大学（3）	倉田主税 日立製作所相談役	川井三郎 協栄生命保険会長	石原　俊 日産自動車相談役		

明治大学（3）	渡辺政人 東北開発社長（日本鋼管社長）	田代茂樹 東レ名誉会長	江頭匡一 ロイヤル創業者		
立命館大学（3）	石原廣一郎 石原産業会長	川勝 伝 南海電気自動車社長	安藤百福 日清食品会長		
同志社大学（3）	井植 敏 三洋電機会長	井上礼之 ダイキン工業会長	大倉敬一 月桂冠相談役		
大阪大学（3）	竹鶴正孝 ニッカウヰスキー社長	水野健次郎 美津濃社長	佐治敬三 サントリー会長		
関西学院大学（3）	小林節太郎 富士写真フイルム会長	加藤誠之 トヨタ自動車販売会長	中邨秀雄 吉本興業会長		
学習院大学（2）	長谷川 薫 レンゴー社長	飯田 亮 セコム創業者			
大倉高商（東京経済大）（2）	堀 久作 日活社長	永田雅一 大映社長			
中央大学（2）	大川 博 東映社長	鈴木敏文 セブン&アイHD			
関西大学（2）	中山幸市 太平住宅社長	野田順弘 オービック会長			
東亜同文書院（愛知大学）（2）	坂口幸雄 日清製油会長	春名和雄 丸紅会長			

小学校（高等小含）（18）

松下幸之助 松下電器産業社長・会長	大谷竹次郎 松竹会長	山崎種一 山種証券社長	井上貞次郎 聯合紙器社長	山岡孫吉 ヤンマーディーゼル社長
早川徳次 早川電機工業社長	中部謙吉 大洋漁業社長	井植歳男 三洋電機社長	江崎利一 江崎グリコ社長	大谷米太郎 大谷重工業社長
嶋田卓弥 蛇の目ミシン社長	司　忠 丸善社長	小原鐵五郎 城南信金理事長	田口利八 西濃運輸社長	吉田忠雄 吉田工業社長
伊藤傳三 伊藤ハム栄養食品社長	村上信夫 帝国ホテル料理顧問	米山　稔 ヨネックス会長		

・掲載者2名以上の学校を対象とした。
・最終学歴が旧制高校や旧制専門学校等で、大学に昇格した場合は、その大学名で表示した。
・掲載人数の多い順に表示した。
・掲載人数が同数の場合は、大学所在地が東に位置する方を上位とした。
・東亜同文書院の場合は、元の所在地は上海のため下位とした。
・人名の配列は執筆掲載順とした。
・八城政基（シティバンク在日代表）は、京都大学を卒業し、東京大学大学院も卒業しているので両校に入れた。

3　入社・入省一覧

会社・省庁	氏名				
大蔵省（12）	**奥村政雄** 日本カーバイト社長	広瀬経一 北海道拓銀会長	渡辺　武 前アジア開発銀行総裁	河野一之 太陽神戸銀行相談役	東条猛猪 北海道拓殖銀行会長
	柏木雄介 東京銀行会長	谷村　裕 元東証理事長	澄田　智 前日銀総裁	**高木文雄** 横浜みなとみらい21社長	長岡　實 元東証理事長
	行天豊雄 国際通貨研究所理事長	**近藤道生** 博報堂最高顧問			
内務省（2）	**坂　信弥** 大商証券社長	**久保田　豊** 日本工営社長			
農商務省（3）	**五島慶太** 東急会長	**河合良成** 小松製作所社長	**植村甲午郎** 経団連副会長		
商工省（2）	**稲山嘉寛** 八幡製鉄社長	両角良彦 総合エネルギー調査会長			
農林省（2）	片柳真吉 農林中央金庫顧問	**石橋信夫** 大和ハウス会長			
外務省（2）	**鹿島守之助** 参議院議員	**法華津孝太** 極洋捕鯨社長			
逓信省（3）	**石坂泰三** 経団連会長	大屋　敦 日銀政策委員	米沢　滋 電電公社総裁		
鉄道省（2）	島　秀雄 宇宙開発事業団理事長	**磯崎　叡** サンシャインシティ相談役			

運輸省（1）	**石川六郎** 鹿島名誉会長				
国鉄（2）	**大川　博** 東映社長	松田昌士 ＪＲ東日本相談役			
満鉄（3）	**犬丸徹三** 帝国ホテル社長	**和田完二** 丸善石油社長	**松原　治** 紀伊國屋書店会長		
日本銀行（6）	**佐々部晩穂** 名商会頭	**松永安左エ門** 電力中央研究所理事長	柳田誠二郎 海外経済協力基金総裁	**岡崎嘉平太** 全日空相談役	三宅重光 東海銀行会長
	吉野俊彦 山一證券（研）特別顧問				
日本興業銀行（2）	**川又克二** 日産自動車社長	日高　輝 山一證券会長			
三井（17）	**石毛郁治**（鉱山）東洋高圧社長	足立　正（物産）日商会頭	**萩原吉太郎**（合名）北海道炭礦汽船社長	**塚田公太**（物産）倉敷紡会長	佐藤喜一郎（銀行）三井銀行会長
	田代茂樹（物産）東レ名誉会長	水上達三（物産）日本貿易会会長	**神谷正太郎**（物産）トヨタ自動車販売社長	**弘世　現**（物産）日本生命保険社長	江戸英雄（合名）三井不動産会長
	川村勝巳（物産）大日本インキ化学工業相談役	**野田岩次郎**（物産）ホテルオークラ会長	**乾　豊彦**（物産）乾汽船会長	**山下　勇**（物産）ＪＲ東日本会長	八尋俊郎（物産）三井物産会長

三菱（16）	**金川千尋**（物産）信越化学社長	生田正治（船舶）商船三井最高顧問			
	伊藤保次郎（鉱業）三菱鉱業社長	池田亀三郎（合資）三菱油化社長	高杉晋一（合資）三菱電機相談役	**中安閑一**（造船）宇部興産社長	宇佐美　洵（銀行）日本銀行総裁
	池田謙三（本社）三菱信託相談役	大槻文平（鉱業）三菱鉱業セメント会長	**斎藤英四郎**（鉱業）新日鉄会長	進藤貞和（電機）三菱電機名誉会長	**宇野　収**（化学）東洋紡相談役
	舘　豊夫（重工）三菱自動車相談役	諸橋晋六（商事）三菱商事会長	永野　健（鉱業）三菱マテリアル相談役	**伊藤雅俊**（鉱業）イトーヨーカ堂名誉会長	槙原　稔（商事）三菱商事相談役
	西岡　喬（重工）三菱重工業相談役				
住友（9）	**三村起一**（本店）石油資源開発社長	**岩切章太郎**（本店）宮崎交通会長	**北沢敬二郎**（本店）大丸会長	土井正治（本店）住友化学工業社長	**鈴木　剛**（銀行）プラザホテル社長
	日向方斉（合資）関経連会長	新井正明（生命）住友生命会長	伊部恭之助（銀行）住友銀行最高顧問	**樋口廣太郎**（銀行）アサヒビール名誉会長	
安田（3）	**小川栄一**（信託）藤田観光社長	松沢卓二（銀行）富士銀行相談役	後藤康男（火災）安田火災海上名誉会長		

古河（2）	**稲垣平太郎** （合名） ゼオン相談役	**和田恒輔** （鉱業） 富士電機製造相談役			
川崎（3）	砂野　仁 （造船） 川崎重工社長	川崎大次郎 （貯蓄） 第百生命保険会長	岩村英郎 （造船） 川崎製鉄会長		
鈴木商店（3）	**大屋晋三** 帝国人造絹糸社長	高畑誠一 日商岩井相談役	西川政一 日商岩井相談役		
鐘紡（2）	**安西正夫** 昭和電工社長	**素野福次郎** TDK会長			
王子製紙（2）	木下又三郎 本州製紙社長	田中文雄 王子製紙会長			
野村（5）	奥村綱雄 （証券） 野村証券会長	瀬川美能留 （証券） 野村証券会長	北裏喜一郎 （証券） 野村証券会長	**鈴木治雄** （合名） 昭和電工名誉会長	田淵節也 （証券） 野村証券元会長
伊藤忠（3）	伊藤忠兵衛 東洋パルプ会長	市川　忍 丸紅飯田会長	越後正一 伊藤忠商事会長		
石川島播磨（3）	田口連三 石川島播磨重工業会長	土光敏夫 経団連名誉会長 東芝元社長	稲葉興作 日商会頭 石川島播磨会長		
日産（3）	**川上源一** （化学） 日本楽器製造会長	石原　俊 （自動車） 日産自動車相談役	**島野喜三** （販売） シマノ会長		
東芝（芝浦：3）	鮎川義介 （芝浦） 中政連総裁（*17）	**五島　昇** 日商会頭	佐波正一 東芝相談役		

東邦電力（3）	**進藤武左ヱ門** 水資源開発総裁	井上五郎 中電会長・中経連会長	田中精一 中部電力会長		
東京銀行（2）	**牛尾治朗** ウシオ電機会長	堀江薫雄 前東京銀行会長			
日本窒素（2）	**宮崎　輝** 旭化成工業社長	**田鍋　健** 積水ハウス社長			
日本鋼管（3）	河田　重 日本鋼管社長	**渡辺政人** 東北開発社長	槇田久生 日本鋼管会長		
日本郵船（2）	菊池庄次郎 日本郵船会長	根本二郎 日本郵船会長			
名古屋鉄道（2）	土川元夫 名古屋鉄道社長	竹田弘太郎 名古屋鉄道社長			
日立製作所（2）	**安川第五郎** 原子力発電社長	駒井健一郎 日立製作所会長			
三越（2）	松田伊三雄 三越会長	**樫山純三** 樫山会長			
日本光学（2）	**坂倉芳明** 三越相談役	吉田庄一郎 ニコン相談役			
キヤノン（2）	賀来龍三郎 キヤノン会長	山路敬三 日本テトラパック会長			
キリンビール（2）	時国益夫 麒麟麦酒社長	佐藤安弘 キリンビール相談役			
東京ガス（2）	**松尾静磨** 日本航空社長	本田弘敏 東京瓦斯会長			

・省庁以外は執筆者2名以上の企業を対象とした。
・配列は省庁、財閥系、それ以外とした。
・人名の配列は執筆掲載順とした。
・太字の人名は母体を離れて活躍した人を対象とした。

4－1　業種別一覧（1957・3～2011・3　合計288名。ただし政治家・財界人等で一部重複者あり、分類できない団体は除いた。）

業種 氏名	会社役職名
1 水産・鉱業	3名
平塚常次郎	日魯漁業社長
中部謙吉	大洋漁業社長
法華津孝太	極洋捕鯨社長
2 建設・不動産	8名
鹿島守之助	参議院議員（鹿島）
石川六郎	鹿島名誉会長
中山幸市	太平住宅社長
江戸英雄	三井不動産会長
戸田利兵衛	戸田建設会長
田鍋　健	積水ハウス社長
石橋信夫	大和ハウス会長
潮田健次郎	住生活グループ前会長
3 食品	24名
山本為三郎	朝日麦酒社長
樋口廣太郎	アサヒビール名誉会長
杉山金太郎	豊年製油会長
藤山愛一郎	外相（日本精糖）
佐藤　貢	雪印乳業社長
黒沢酉蔵	雪印乳業相談役
江崎利一	江崎グリコ社長
町村敬貴	北海道町村牧場主
三島海雲	カルピス社長
竹鶴正孝	ニッカウヰスキー社長
時国益夫	麒麟麦酒社長
佐藤安弘	キリンビール相談役
茂木啓三郎	キッコーマン醤油社長
伊藤傳三	伊藤ハム栄養食品社長
大野　勇	森永乳業相談役
大社義規	日本ハム社長
坂口幸雄	日清製油会長
本坊豊吉	薩摩酒造社長
佐治敬三	サントリー会長
ヘルムート・マウハー	ネスレ会長
安藤百福	日清食品会長
長岡　實	元東証理事長（日本たばこ）
江頭邦雄	味の素会長
大倉敬一	月桂冠相談役
4 繊維	9名
杉　道助	大商会頭（大和紡績）
大屋晋三	帝国人造絹糸社長
塚田公太	倉敷紡会長
田代茂樹	東レ名誉会長
樫山純三	樫山会長
早川種三	興人相談役
塚本幸一	ワコール会長
宇野　収	東洋紡相談役
安居祥作	日本政策金融公庫総裁（帝人）
5 紙・パルプ	4名
井上貞治郎	聯合紙器社長
長谷川薫	レンゴー社長
木下又三郎	本州製紙社長
田中文雄	王子製紙会長
6 化学	20名
原安三郎	日本化薬社長
奥村政雄	日本カーバイト社長
大屋　敦	日銀政策委員（住友化学）
土井正治	住友化学工業社長

石原廣一郎	石原産業会長
野村興曽市	電気化学工業社長（信越化学）
（小坂善太郎）	日本国連協会会長（信越化学）
金川千尋	信越化学社長
中安閑一	宇部興産社長
稲垣平太郎	ゼオン相談役
加藤辨三郎	協和発酵工業社長
安西正夫	昭和電工社長
小林節太郎	富士写真フイルム会長
川村勝巳	大日本インキ化学工業相談役
宮崎　輝	旭化成工業社長
鈴木治雄	昭和電工名誉会長
福原義春	資生堂会長
林原　健	林原社長
武田國男	武田薬品会長
高橋慶一朗	ユニチャーム会長
7　石油・石炭	8名
出光佐三	出光興産社長
栗田淳一	日石社長
萩原吉太郎	北海道炭礦汽船社長
池田亀三郎	三菱油化社長
和田完二	丸善石油社長
三村起一	石油資源開発社長
中山善郎	コスモス石油会長
八城政基	シティバンク在日代表（エッソ）
8　ゴム・セメント	8名
石橋正二郎	ブリヂストン社長
伊藤保次郎	三菱鉱業社長
大槻文平	三菱鉱業セメント会長
永野　健	三菱マテリアル相談役
諸井貫一	秩父セメント社長
安藤豊禄	小野田セメント相談役
竹見淳一	日本ガイシ相談役
稲盛和夫	京セラ名誉会長
9　鉄鋼	8名
河田　重	日本鋼管社長
渡辺政人	東北開発社長（日本鋼管社長）
槇田久生	日本鋼管会長
稲山嘉寛	八幡製鉄社長
永野重雄	富士製鉄社長
斎藤英四郎	新日鐵会長
日向方斉	関経連会長（住友金属）
岩村英郎	川崎製鉄会長
10　機械・金属	10名
河合良成	小松製作所社長
井村荒喜	不二越鋼材社長
山岡孫吉	ヤンマーディーゼル社長
石塚粂蔵	日本製鋼所会長
小田原大造	大商会頭（クボタ鉄工）
嶋田卓弥	蛇の目ミシン社長
吉田忠雄	吉田工業社長
安井正義	ブラザー工業会長
井上礼之	ダイキン工業会長
西岡　喬	三菱重工業相談役
11　電機	26名
松下幸之助＊	松下電器産業社長
松下幸之助＊	松下電器産業相談役
安川第五郎	原子力発電社長（安川電機）
早川徳次	早川電機工業社長（シャープ）
井深　大	ソニー社長
大賀典雄	ソニー会長
井植歳男	三洋電機社長
井植　敏	三洋電機会長CEO
高杉晋一	三菱電機相談役

進藤貞和	三菱電機名誉会長
倉田主税	日立製作所相談役
駒井健一郎	日立製作所会長
和田恒輔	富士電機製造相談役
立石一真	立石電機社長
湯浅佑一	湯浅電池・商事社長
高柳健次郎	日本ビクター顧問
素野福次郎	ＴＤＫ会長
小林宏治	日本電気会長
樫尾忠雄	カシオ相談役
堀場雅夫	堀場製作所会長
村田　昭	村田製作所会長
横河正三	横河電機名誉会長
佐波正一	東芝相談役
山本卓眞	富士通名誉会長
牛尾治朗	ウシオ電機会長
ジャック・ウェルチ	前米ＧＥ会長
12　輸送用機器・手段	**17名**
石田退三	トヨタ自工社長
神谷正太郎	トヨタ自動車販売社長
加藤誠之	トヨタ自動車販売会長
豊田英二	トヨタ自動車会長
本田宗一郎	本田技研工業社長
川又克二	日産自動車社長
鮎川義介	中政連総裁（日本産業グループ統帥）
石原　俊	日産自動車相談役
松田恒次	東洋工業社長
砂野　仁	川崎重工社長
田口連三	石川島播磨重工業会長
土光敏夫	経団連名誉会長（石川島播磨）
稲葉興作	日商会頭（石川島播磨）
梁瀬次郎	ヤナセ社長
舘　豊夫	三菱自動車相談役
島野喜三	シマノ会長
ルイ・シュバイツァー	ルノー会長
13　精密	**10名**
市村　清	理研光学社長（リコー）
田嶋一雄	ミノルタカメラ会長
賀来龍三郎	キヤノン会長
山路敬三	日本テトラパック会長（キヤノン）
ゴードン・ムーア	インテル会長
ボブ・ガルビン	米モトローラ元会長
椎名武雄	日本ＩＢＭ最高顧問
ルイス・ガースナー	米ＩＢＭ会長
矢嶋英敏	島津製作所会長
吉田庄一郎	ニコン相談役
14　その他製造	**7名**
高碕達之助	経企庁長官（東洋製罐）
川上源一	日本楽器製造会長
山田徳兵衛	吉徳会長
黒田暲之助	コクヨ会長
水野健次郎	美津濃社長
鬼塚喜八郎	アシックス社長
米山　稔	ヨネックス会長
15　商業	**29名**
新関八洲太郎	第一物産社長（三井物産）
足立　正	日商会頭（三井物産）
水上達三	日本貿易会会長（三井物産）
八尋俊郎	三井物産会長
伊藤忠兵衛	東洋パルプ会長（伊藤忠商事）
越後正一	伊藤忠商事会長
伊藤次郎左衛門	松坂屋社長

佐々木晩穂	名商会頭（松坂屋会長）
北沢敬二郎	大丸会長（住友銀行）
司　忠	丸善社長
市川　忍	丸紅飯田会長
春名和雄	丸紅会長
小林　勇	岩波書店会長
松田伊三雄	三越会長
坂倉芳明	三越相談役
赤尾好夫	旺文社社長
高畑誠一	日商岩井相談役
西川政一	日商岩井相談役
田辺茂一	紀伊國屋書店社長
松原　治	紀伊國屋書店会長
岩谷直治	岩谷産業会長
鈴木英夫	兼松名誉顧問
諸橋晋六	三菱商事会長
槙原　稔	三菱商事相談役
中内　㓛	ダイエー会長
伊藤雅俊	イトーヨーカ堂名誉会長
岡田卓也	イオン名誉会長
鈴木敏文	セブン＆アイＨＤ会長
鳥羽博道	ドトールコーヒー名誉会長

16 金融　38名

遠山元一	日興証券会長
中山　均	日銀政策委員（静岡銀行）
山崎種二	山種証券社長
石坂泰三	経団連会長（第一生命）
岡野喜太郎	駿河銀行頭取
藍沢彌八	東証理事長（藍沢証券）
奥村綱雄	野村証券会長
瀬川美能留	野村証券会長
北裏喜一郎	野村証券会長
田淵節也	野村証券元会長
福田千里	大和証券社長
坂　信弥	大商証券社長
佐藤喜一郎	三井銀行会長
植村甲午郎	経団連副会長
堀江薫雄	前東京銀行会長
（柏木雄介）	東京銀行会長
広瀬経一	北海道拓銀会長
東条猛猪	北海道拓殖銀行会長
小原鐵五郎	城南信金理事長
宇佐美　洵	日本銀行総裁（三菱銀行）
池田謙蔵	三菱信託相談役
日高　輝	山一證券会長
（吉野俊彦）	山一證券（研）特別顧問
弘世　現	日本生命保険社長
川井三郎	協栄生命保険会長
（河野一之）	太陽神戸銀行相談役
三宅重光	東海銀行会長
井上　薫	第一勧業銀行名誉会長
川崎大次郎	第百生命保険会長
山田光成	日本信販会長
杉浦敏介	日本長銀会長
勝田龍夫	日債銀会長
新井正明	住友生命会長
石井　久	立花証券会長
松沢卓二	富士銀行相談役
伊部恭之助	住友銀行最高顧問
渡辺文夫	東京海上火災相談役
後藤康男	安田火災海上名誉会長

17 交通（陸運・海運） 20名

五島慶太	東急会長（グループ総帥）
五島　昇	日商会頭（東急G）
堤　康次郎	前衆議院議長（西武グループ統帥）
松尾静磨	（日本航空社長）
岩切章太郎	宮崎交通会長
岡崎嘉平太	全日空相談役
土川元夫	名古屋鉄道社長
竹田弘太郎	名古屋鉄道社長
田口利八	西濃運輸社長
川勝　伝	南海電気自動車社長
安藤楢六	小田急電鉄会長
乾　豊彦	乾汽船会長・
菊池庄次郎	日本郵船会長
根本二郎	日本郵船会長
山下　勇	JR東日本会長
磯崎　叡	サンシャインシティ相談役（国鉄）
松田昌士	JR東日本相談役
上山善紀	近畿日本鉄道相談役
小倉昌男	ヤマト福祉財団理事長
生田正治	商船三井最高顧問

18 情報・通信 12名

堀　久作	日活社長
大谷竹次郎	松竹会長
永山武臣	松竹会長
永田雅一	大映社長
（石橋湛山）	前首相（東洋経済新報社社長）
大川　博	東映社長
岡田　茂	東映相談役
（小汀利得）	評論家（日本経済新聞社長）
（米沢　滋）	電電公社総裁（現NTT）
川喜多長政	東宝東和会長
（渡邉恒雄）	読売新聞主筆
野田順弘	オービック会長兼社長

19 電気・ガス 12名

石毛郁治	東洋高圧社長
内ヶ崎贇五郎	東北電力社長
青木均一	東京電力社長
木川田一隆	東京電力社長
松永安左エ門	電力中央研究所理事長
進藤武左ヱ門	水資源開発総裁
井上五郎	中電会長・中経連会長
横山通夫	中部電力相談役
田中精一	中部電力会長
本田弘敏	東京瓦斯会長
永倉三郎	九州電力前会長

20 サービス 15名

犬丸徹三	帝国ホテル社長
村上信夫	帝国ホテル料理顧問
小川栄一	藤田観光社長
大谷米太郎	大谷重工業社長
久保田豊	日本工営社長
野田岩次郎	ホテルオークラ会長
鈴木　剛	プラザホテル社長（住友銀行）
森　泰吉郎	森ビル社長
（高木文雄）	横浜みなとみらい21社長（国鉄）
坂本五郎	古美術商「不言堂」
江頭匡一	ロイヤル創業者
高橋政知	オリエンタルランド相談役
飯田　亮	セコム創業者
中邨秀雄	吉本興業会長
成田　豊	電通最高顧問
（近藤道生）	博報堂最高顧問

・五島慶太、堤康次郎、鮎川義介などグループの総帥は主力母体の業種に入れた。
・合併などで名称が変更している企業もあるが、表示企業名単位で分類した。
・松下幸之助は社長と相談役との2回にわたり執筆しているため、2名とした（＊）。
・（　）に入れた人名は、政治家など職業分野別一覧と重複する人である。
・経済人の対象者は２９５名だが、業種に属さないか、企業経営に関係しなかった人は省いた。

〈掲載者が多い産業〉

トップは金融で38名（13・２％）、次いで商業29名（10・１％）、電機26名（９・１％）、食品24名（８・４％）、化学20名（７・０％）、交通20名（７・０％）、輸送機器17名（５・９％）。

また、これを見て不思議に思ったのは、金融では評価の高い日本興業銀行が０名や三菱銀行が１名と少ないことでした。

4－2 執筆者が多い企業

		企業名				
4名	1	トヨタ	石田退三	神谷正太郎	加藤誠之	豊田英二
	2	三井物産	新関八洲太郎	（足立　正）	水上達三	八尋俊郎
	3	野村証券	奥村綱雄	瀬川美能留	北裏喜一郎	田淵節也
	4	中部電力	（松永安左エ門）	井上五郎	横山通夫	田中精一
3名	1	王子製紙	（足立　正）	木下又三郎	田中文雄	
	2	信越化学	野村與曽市	（小坂善太郎）	金川千尋	
	3	三菱マテリアル	伊藤保次郎	大槻文平	永野　健	
	4	新日鐵	稲山嘉寛	永野重雄	斎藤英四郎	
	5	日本鋼管	河田　重	（渡辺政人）	槇田久生	
	6	東芝	（石坂泰三）	（土光敏夫）	佐波正一	
	7	日産自動車	鮎川義介	川又克二	石原　俊	
	8	石川島播磨	田口連三	土光敏夫	稲葉興作	
	9	国鉄（JR）	（磯崎　叡）	（高木文雄）	松田昌士	
	10	東京電力	（松永安左エ門）	青木均一	木川田一隆	
2名	1	鹿島	（鹿島守之助）	石川六郎		
	2	アサヒビール	山本為三郎	樋口廣太郎		
	3	雪印乳業	佐藤　貢	黒沢酉蔵		
	4	キリンビール	時国益夫	佐藤安弘		
	5	レンゴー	井上貞次郎	長谷川　薫		
	6	住友化学	大屋　敦	土井正治		
	7	松下電器	松下幸之助	松下幸之助		
	8	ソニー	井深　大	大賀典雄		
	9	三洋電機	井植歳男	井植　敏		

	2名				
10	三菱電機	高杉晋一	進藤貞和		
11	日立製作所	倉田主税	駒井健一郎		
12	キヤノン	賀来龍三郎	（山路敬三）		
13	伊藤忠商事	（伊藤忠兵衛）	越後正一		
14	松坂屋	伊藤次郎左衛門	佐々木晩穂		
15	丸紅	（市川　忍）	春名和雄		
16	三越	松田伊三雄	坂倉芳明		
17	日商岩井	高畑誠一	西川政一		
18	紀伊国屋書店	田辺茂一	松原　治		
19	三菱商事	諸橋晋六	槇原　稔		
20	住友銀行	（鈴木　剛）	伊部恭之助		
21	東京銀行	堀江薫雄	柏木雄介		
22	北海道拓殖銀行	広瀬経一	東条猛猪		
23	山一證券	日高　輝	吉野俊彦		
24	東急	五島慶太	（五島　昇）		
25	名古屋鉄道	土川元夫	竹田弘太郎		
26	日本郵船	菊池庄次郎	根本二郎		
27	松竹	大谷竹次郎	永山武臣		
28	東映	大川　博	岡田　茂		
29	帝国ホテル	犬丸徹三	村上信夫		

・（　）に入れた人名は、執筆時の肩書きが企業名を表わしていないが、企業発展に功績があった人とした。
・合併して名称が変更している企業もあるが、ここでは企業名単位で分類した。
・企業名の順位は、業種別一覧表の業種単位の順で表示した。
・松下幸之助は社長と相談役との2回にわたり執筆しているため、2名とした。

5 人名索引回数一覧

	財界	政界	官界	教育・文化	その他
32	永野重雄、松下幸之助				
31		**吉田茂**、池田勇人			
29	石坂泰三				
27	**小林一三**、松永安左エ門				
26	**渋沢栄一**、**中山素平**				
25	稲山嘉寛	岸信介			
23	佐藤喜一郎			福沢諭吉	
22	小林中、土光敏夫				
21	鮎川義介	田中角栄、福田赳夫	井上準之助	末広厳太郎	
20	**渋沢敬三**	**マッカーサー**			
19	**池田成淋**、伊藤忠兵衛、植村甲午郎	後藤新平			
18	團琢磨	大平正芳	**一万田尚登**		
17	五島昇、藤原銀次郎、**向井忠晴**	中曽根康弘	結城豊太郎		
16	岩崎小弥太、高碕達之助、藤山愛一郎			小泉信三	
15	**石川一郎**、菊池寛、五島慶太	石橋湛山、近衛文麿、佐藤栄作、松本烝治		新渡戸稲造、河合栄治郎、河上肇	

14	石川六郎、出光佐三、斎藤英四郎、桜田武、野口遵、久原房之助、加藤武男		宇佐美洵、津島寿一		
13	今里広記、小倉正恒、木川田一隆、郷誠之助、杉道助、佐治敬三、堀田庄三	芦田均、河野一郎、浜口雄幸、松岡洋右	森永貞一郎	中山伊知郎、美濃部達吉、穂積重遠、福田徳三、牧野英一	
12	石田礼助、岩佐凱実、牛尾治朗、江戸英雄、河合良成、日向方斉、安川第五郎、藤山雷太、安田善次郎	伊藤博文、東條英機	高橋是清	我妻栄	
11	足立正、大槻文平、菅礼之助、平生釟三郎、古田俊之助、水上達三、盛田昭夫	大隈重信、**蔣介石**、鳩山一郎、愛知揆一	佐々木直、山本五十六	西田幾太郎、上杉慎吉	
10	芦原義重、正力松太郎、大屋敦、野村徳七、石原俊、福沢桃介、鈴木剛、山本為三郎	原敬	山際正道	大内兵衛、高橋誠一郎	
9	麻生太賀吉、石野信一、石橋正二郎、稲盛	小笠原三九郎、山本権兵衛、田中義	新木栄吉、牛場信彦、前川春雄	加納治五郎	久米正雄、藤村操

9	和夫、井上五郎、井深大、大倉喜八郎、太田垣士郎、大屋晋三、奥村綱雄、鈴木三郎助、瀬川美能留、高杉晋一、田実渉、堤康次郎、平岩外四、弘世現、武藤山治、森矗昶、山下亀三郎、松本健次郎				
8	石田退三、浅野総一郎、磯田一郎、小川栄一、稲垣平太郎、瀬島龍三、伊部恭之助、工藤昭四郎、土井正治、堀江薫雄、和田豊治、各務鎌吉、小坂順造、高橋龍太郎、津田信吾	犬養毅、西園寺公望、迫水久常、**周恩来**、田中六助、石渡荘太郎、内田信也、小川郷太郎	田中耕太郎、村田省蔵、長沼弘毅、河上弘一、笹山忠夫	賀川豊彦、脇村義太郎、前田多門	小汀利得、土屋清、吉野作造

＊執筆してほしかった人

索引数15以上で、「私の履歴書」が連載された昭和31年（1956）3月には存命で執筆可能であった政治・経済・金融人を太字で表した。

これらのリーダーは日本経済発展に多大に貢献した人たちですから、「私の履歴書」に執筆してほしい人でした。

6　重複する恩師・恩人

人数	恩　師	氏　名
3人	藤原銀次郎（王子製紙社長）	足立　正（日商会頭）、野村與曽市（電気化学工業社長）、木下又三郎（本州製紙社長）
	堀田庄三（住友銀行頭取・会長）	伊部恭之助（住友銀行最高顧問）、中内　㓛（ダイエー会長）、樋口廣太郎（アサヒビール名誉会長）
	松永安左衛門（電力中央研究所理事長）	進藤武左ヱ門（水資源開発公団総裁）、井上五郎（中部電・中経連会長）、田中精一（中部電力会長）
	小平浪平（日立製作所社長）	安川第五郎（原子力発電社長）、井村荒喜（不二越鋼材社長）、倉田主税（日立製作所相談役）
2人	白石元治郎（日本鋼管社長）	河田　重（日本鋼管社長）、渡辺政人（東北開発社長）
	石坂泰三（経団連会長）	五島　昇（日商会頭）、佐波正一（東芝相談役）
	山本条太郎（南満州鉄道総裁）	原　安三郎（日本化薬社長）、内ヶ崎贇五郎（東北電力社長）
	野口　遵（日窒コンツェルン総帥）	久保田　豊（日本工営社長）、松田恒次（東洋工業社長）
	金子直吉（鈴木商店・大番頭）	杉山金太郎（豊年製油会長）、高畑誠一（日商岩井相談役）
	永野重雄（新日鐵会長）	斎藤英四郎（新日鐵会長）、石橋信夫（大和ハウス会長）
	小林一三（阪急電鉄社長）	進藤武左ヱ門（水資源開発公団総裁）、乾　豊彦（乾汽船会長）
	児玉一造	石田退三（トヨタ自工社長）、塚田公太（倉敷紡績会長）

2人	（東洋棉花会長）	
	高梨壮夫（日銀名古屋支店長）	神谷正太郎（トヨタ自販社長）、豊田英二（トヨタ自動車社長）
	宇都宮仙太郎（日本の酪農の父）	佐藤　貢（雪印乳業社長）、町村敬貴（町村牧場主）
	上田貞次郎（東京商大教授）	茂木啓三郎（キッコーマン醤油社長）、森　泰吉郎（森ビル社長）
	水島銕也（神戸高商初代校長）	出光佐三（出光興産社長）、高畑誠一（日商岩井相談役）
	五島慶太（東京急行会長）	大川　博（東映社長）、土川元夫（名古屋鉄道社長）
父親	4名（父親名）	藤山雷太（愛一郎：外相）、諸井恒平（貫一：秩父セメント社長）、中部幾次郎（謙吉：大洋漁業社長）、黒田善太郎（暲之助：コクヨ会長）
岳父	3名（岳父名）	安西正夫（森矗昶：昭和電工）、鹿島守之助（鹿島精一：鹿島社長）、小林勇（岩波茂雄：岩波書店社長）

●一風変わった恩人への感謝

・会社敷地内に恩人の墓碑を建立。

早川徳次（早川電機工業社長）は最初に就職した飾り職人の坂田芳松氏の墓碑を建てた。

・恩人の息子から恩人とされる。

大槻文平三菱鉱業セメント会長は、永野　護（三菱鉱業社長）からよき指導を受け、その息子、永野　健（三菱マテリアル相談役）によき指導を行なったことになる。

・実姉が恩人。

岡田卓也イオン名誉会長は、企業経営の困難時にはいつも姉の岡田千鶴子に助けられた。

・母親と義兄が恩人。

伊藤雅俊イトーヨーカ堂名誉会長は、商売の鑑として母親と義兄に感謝している。

・教師が恩人。（上が恩人）
加納治五郎（東京高等師範校長）：五島慶太（東急会長）
福澤諭吉（慶應義塾大学塾長）：安永安左エ門（電力中央研究所理事長）
高橋誠一郎（慶應義塾大学教授）：萩原吉太郎（北海道炭嚝汽船社長）
小泉信三（慶應義塾大学教授）：田嶋一雄（ミノルタカメラ会長）
土井晩翠（第二高等学校教授）：菊池庄次郎（日本郵船会長）
新渡戸稲造（第一高等学校校長）：三村起一（石油資源開発社長）
中川小十郎（立命館総長）：石原廣一郎（石原産業会長・社長）
小泉八雲（第五高等学校教師）：堀江薫雄（前東京銀行会長）
河合栄治郎（東京大学教授）：木川田一隆（東京電力社長）
牧野英一（東京大学教授）：杉浦敏介（日本長銀会長）
板垣興一（一橋大学教授）：江頭邦雄（味の素会長）
青山秀夫（京都大学教授）：安居祥策（日本政策金融公庫総裁）

7　生誕年一覧

元号	西暦	人数	氏名
元治元年	1864	1	岡野喜太郎（駿河銀行頭取）
明治8	1875	2	杉山金太郎（豊年製油会長）、松永安左エ門（電力中央研究所理事長）
10	1877	1	大谷竹次郎（松竹会長）
11	1878	1	三島海雲（カルピス社長）
12	1879	1	奥村政雄（日本カーバイト社長）
13	1880	2	藍沢彌八（東証理事長）、鮎川義介（中政連総裁）
14	1881	2	平塚常次郎（日魯漁業社長）、大谷米太郎（大谷重工業社長）
15	1882	4	五島慶太（東急会長）、井上貞治郎（聯合紙器社長）、江崎利一（江崎グリコ社長）、町村敬貴（北海道町村牧場主）
16	1883	2	足立　正（日商会頭）、早川徳次（早川電機工業社長）
17	1884	4	原　安三郎（日本化薬社長）、杉　道助（大商会頭）、石橋湛山（前首相）、池田亀三郎（三菱油化社長）
18	1885	5	出光佐三（出光興産社長）、高碕達之助（経済企画庁長官）、塚田公太（倉敷紡会長）、大屋敦（日銀政策委員）、黒沢酉蔵（雪印乳業相談役）
19	1886	7	中山　均（日銀政策委員）、石坂泰三（経団連会長）、伊藤忠兵衛（東洋パルプ会長）、河合良成（小松製作所社長）、安川第五郎（原子力発電社長）、石塚粂蔵（日本製鋼所会長）、戸田利兵衛（戸田建設会長）
20	1887	5	河田　重（日本鋼管社長）、犬丸徹三（帝国ホテル社長）、三村起一（石油資源開発社長）、和田恒輔（富士電機製造相談役）、高畑誠一（日商岩井相談役）
21	1888	4	石田退三（雪印乳業相談役）、栗田淳一（日石社長）、山岡孫吉（ヤンマーディーゼル社長）、稲垣平太郎（ゼオン相談役）
22	1889	7	堤　康次郎（前衆議院議長）、石橋正二郎（ブリヂストン社長）、北沢敬二郎（大丸会長）、野村與曽市（電気化学工業社長）、木下又三郎（本州製紙社長）、倉田主税（日立製作所相

			談役）、小汀利得（評論家）
23	1890	4	伊藤保次郎（三菱鉱業社長）、石原廣一郎（石原産業会長）、久保田　豊（日本工営社長）、田代茂樹（東レ名誉会長）
24	1891	1	井村荒喜（不二越鋼材社長）
25	1892	3	渡辺政人（東北開発社長）、小田原大造（大商会頭）、高杉晋一（三菱電機相談役）
26	1893	8	山崎種二（山種証券社長）、山本為三郎（朝日麦酒社長）、佐々部晩穂（名商会頭）、柳田誠二郎（海外経済協力基金総裁）、岩切章太郎（宮崎交通会長）、時国益夫（麒麟麦酒社長）、司　忠（丸善社長）、池田謙蔵（三菱信託相談役）
27	1894	4	松下幸之助（松下電器産業社長・相談役）、大屋晋三（帝国人造絹糸社長）、植村甲午郎（経団連副会長）、土井正治（住友化学工業社長）
28	1895	5	石毛郁治（東洋高圧社長）、内ヶ崎贇五郎（東北電力社長）、松田恒次（東洋工業社長）、中安閑一（宇部興産社長）、竹鶴正孝（ニッカウヰスキー社長）
29	1896	13	大川　博（東映社長）、諸井貫一（秩父セメント社長）、和田完二（丸善石油社長）、福田千里（大和証券社長）、中部謙吉（大洋漁業社長）、鹿島守之助（参議院議員）、進藤武左ヱ門（水資源開発公団総裁）、佐藤喜一郎（三井銀行会長）、広瀬経一（北海道拓銀会長）、松田伊三雄（三越会長）、土光敏夫（経団連名誉会長）、山田徳兵衛（吉徳会長）、鈴木　剛（プラザホテル社長）
30	1897	7	新関八洲太郎（第一物産社長（三井物産））、藤山愛一郎（外相・日本精糖）、岡崎嘉平太（全日空相談役）、市川　忍（丸紅飯田会長）、安藤豊録（小野田セメント相談役）、早川種三（興人相談役）、野田岩次郎（ホテルオークラ会長）
31	1898	5	佐藤　貢（雪印乳業社長）、青木均一（東京電力社長）、坂　信弥（大商証券社長）、本田弘敏（東京瓦斯会長）、神谷正太郎（トヨタ自動車販売社長）
32	1899	13	小川栄一（藤田観光社長）、井上五郎（中電会長・中経連会長）、砂野　仁（川崎重工社長）、加藤辨三郎（協和発酵工業社長）、木川田一隆（東京電力社長）、小原鐵五郎（城南信金理事長）、茂木啓三郎（キッコーマン醤油社長）、小林節太郎（富士写真フイルム会長）、西川政一（日商岩井相談役）、大野　勇（森永乳業相談役）、片柳真吉（農林中央金庫顧問）、高

32	1899	13	柳健次郎（日本ビクター顧問）、田嶋一雄（ミノルタカメラ会長）
33	1900	8	堀　久作（日活社長）、市村　清（理研光学社長（リコー））、中山幸市（太平住宅社長）、永野重雄（富士製鉄社長）、立石一真（立石電機社長）、横山道夫（中部電力相談役）、安藤楢六（小田急電鉄会長）、駒井健一郎（日立製作所会長）
34	1901	7	嶋田卓弥（蛇の目ミシン社長）、宇佐美　洵（日本銀行総裁）、島　秀雄（宇宙開発事業団理事長）、越後正一（伊藤忠商事会長）、樫山純三（樫山会長）、川勝　伝（南海電気鉄道社長）、坂口幸雄（日清製油会長）
35	1902	3	伊藤次郎左衛門（松坂屋社長）、萩原吉太郎（北海道炭礦汽船社長）、井植歳男（三洋電機社長）
36	1903	12	奥村綱雄（野村証券会長）、松尾静磨（日本航空社長）、稲山嘉寛（八幡製鉄社長）、法華津孝太（極洋捕鯨社長）、堀江薫雄（前東京銀行会長）、土川元夫（名古屋鉄道社長）、小林勇（岩波書店会長）、水上達三（日本貿易会会長）、大槻文平（三菱鉱業セメント会長）、川喜多長政（東宝東和会長）、江戸英雄（三井不動産会長）、岩谷直治（岩谷産業会長）
37	1904	4	遠山元一（日興証券会長）、弘世　現（日本生命保険社長）、安井正義（ブラザー工業会長）、森　泰吉郎（森ビル社長）
38	1905	6	川又克二（日産自動車社長）、安西正夫（昭和電工社長）、日高　輝（山一證券会長）、田辺茂一（紀伊國屋書店社長）、川村勝巳（大日本インキ化学工業相談役）、本坊豊吉（薩摩酒造社長）
39	1906	9	永田雅一（大映社長）、本田宗一郎（本田技研工業社長）、瀬川美能留（野村証券会長）、渡辺　武（前アジア開発銀行総裁）、田口連三（石川島播磨重工業会長）、湯浅佑一（湯浅電池社長）、井上　薫（第一勧業銀行名誉会長）、川崎大次郎（第百生命保険会長）、日向方斉（関経連会長）
40	1907	7	赤尾好夫（旺文社社長）、田口利八（西濃運輸社長）、加藤誠之（トヨタ自動車販売会長）、乾　豊彦（乾汽船会長）、河野一之（太陽神戸銀行相談役）、山田光成（日本信販会長）、小林宏治（日本電気会長）
41	1908	5	井深　大（ソニー社長）、吉田忠雄（吉田工業社長）、伊藤傳三（伊藤ハム栄養食品社長）、

			川井三郎（協栄生命保険会長）、伊部恭之助（住友銀行最高顧問）
42	1909	2	宮崎　輝（旭化成工業社長）、槇田久生（日本鋼管会長）
43	1910	5	東条猛猪（北海道拓殖銀行会長）、田中文雄（王子製紙会長）、進藤貞和（三菱電機名誉会長）、永倉三郎（九州電力前会長）、安藤百福（日清食品会長）
44	1911	7	米沢　滋（電電公社総裁）、北裏喜一郎（野村証券会長）、三宅重光（東海銀行会長）、斎藤英四郎（新日鐵会長）、山下　勇（JR東日本会長）、杉浦敏介（日本長銀会長）、田中精一（中部電力会長）
45	1912	9	川上源一（日本楽器製造会長）、菊池庄次郎（日本郵船会長）、田鍋　健（積水ハウス社長）、素野福次郎（TDK会長）、磯崎　叡（サンシャインシティ相談役）、勝田龍夫（日債銀会長）、新井正明（住友生命会長）、小坂善太郎（日本国連協会会長）、石原　俊（日産自動車相談役）
大正元年			
大正2	1913	5	豊田英二（トヨタ自動車会長）、水野健次郎（美津濃社長）、鈴木治雄（昭和電工名誉会長）、松沢卓二（富士銀行相談役）、高橋政知（オリエンタルランド相談役）
3	1914	3	中山善郎（コスモス石油会長）、横河正三（横河電機名誉会長）、上山善紀（近畿日本鉄道相談役）
4	1915	4	大社義規（日本ハム社長）、岩村英郎（川崎製鉄会長）、八尋俊郎（三井物産会長）、吉野俊彦（山一證券研特別顧問）
5	1916	6	竹田弘太郎（名古屋鉄道社長）、梁瀬次郎（ヤナセ社長）、黒田暲之助（コクヨ会長）、五島昇（日商会頭）、谷村　裕（元東証理事長）、澄田　智（前日銀総裁）
6	1917	6	柏木雄介（東京銀行会長）、樫尾忠雄（カシオ相談役）、竹見淳一（日本ガイシ相談役）、宇野　収（東洋紡相談役）、渡辺文夫（東京海上火災相談役）、松原　治（紀伊國屋書店会長）
7	1918	1	鬼塚喜八郎（アシックス社長）
8	1919	5	春名和雄（丸紅会長）、佐治敬三（サントリー会長）、高木文雄（横浜みなとみらい21社長）、両角良彦（総合エネルギー調査会長）、佐波正一（東芝相談役）
9	1920	3	塚本幸一（ワコール会長）、舘　豊夫（三菱自動車相談役）、近藤道生（博報堂最高顧問）
10	1921	4	石橋信夫（大和ハウス会長）、村田　昭（村田製作所会長）、坂倉芳明（三越相談役）、村上

10	1921	4	信夫（帝国ホテル料理顧問）
11	1922	4	鈴木英夫（兼松名誉顧問）、諸橋晋六（三菱商事会長）、中内　㓛（ダイエー会長）、ボブ・ガルビン（米モトローラ元会長）
12	1923	5	石井　久（立花証券会長）、永野　健（三菱マテリアル相談役）、江頭匡一（ロイヤル創業者）、後藤康男（安田火災海上名誉会長）、田淵節也（野村証券元会長）
13	1924	8	堀場雅夫（堀場製作所会長）、稲葉興作（日商会頭）、長谷川　薫（レンゴー社長）、小倉昌男（ヤマト福祉財団理事長）、岡田　茂（東映相談役）、伊藤雅俊（イトーヨーカ堂名誉会長）、長岡　實（元東証理事長）、米山　稔（ヨネックス会長）
14	1925	5	永山武臣（松竹会長）、山本卓眞（富士通名誉会長）、樋口廣太郎（アサヒビール名誉会長）、石川六郎（鹿島名誉会長）、岡田卓也（イオン名誉会長）
15　昭和元年	1926	4	賀来龍三郎（キヤノン会長）、金川千尋（信越化学社長）、渡邉恒雄（読売新聞主筆）、潮田健次郎（住生活グループ前会長）
2	1927	3	山路敬三（日本テトラパック会長）、大倉敬一（月桂冠相談役）、ヘルムート・マウハー（ネスレ会長）
3	1928	1	根本二郎（日本郵船会長）
4	1929	3	八城政基（シティバンク在日代表）、成田　豊（電通最高顧問）、ゴードン・ムーア（インテル会長）
5	1930	3	椎名武雄（日本ＩＢＭ最高顧問）、大賀典雄（ソニー会長）、槇原　稔（三菱商事相談役）
6	1931	4	福原義春（資生堂会長）、牛尾治朗（ウシオ電機会長）、行天豊雄（国際通貨研究所理事長）、高原慶一朗（ユニチャーム会長）
7	1932	5	稲盛和夫（京セラ名誉会長）、中邨秀雄（吉本興業会長）、井植　敏（三洋電機会長）、鈴木敏文（セブン＆アイＨＤ会長）、吉田庄一郎（ニコン相談役）
8	1933	1	飯田　亮（セコム創業者）
9	1934	1	島野喜三（シマノ会長）
10	1935	4	矢嶋英敏（島津製作所会長）、井上礼之（ダイキン工業会長）、安居祥策（日本政策金融公庫総裁）、生田正治（商船三井最高顧問）

11	1936	4	佐藤安弘（キリンビール相談役）、松田昌士（JR東日本相談役）、西岡　喬（三菱重工業相談役）、ジャック・ウェルチ（前米GE会長）
12	1937	2	江頭邦雄（味の素会長）、鳥羽博道（ドトールコーヒー名誉会長）
13	1938	1	野田順弘（オービック会長兼社長）
15	1940	1	武田國男（武田薬品会長）
17	1942	3	林原　健（林原社長）、ルイス・ガースナー（米IBM会長）、ルイ・シュバイツァー（ルノー会長）

・人名の配列は、生誕年しか記載のないものもあるため、掲載順位とした。
・元号単位で執筆順位の早い執筆者は下記のとおり。

	氏名	役職	掲載順位
明治	原　安三郎	日本化薬社長	2
	五島慶太	東急会長	5
	堀　久作	日活社長	8
	杉　道助	大商会頭	11
	遠山元一	日興証券会長	13
大正	豊田英二	トヨタ自動車会長	420
	水野健太郎	美津濃社長	450
	鈴木治雄	昭和電工名誉会長	476
	中山善郎	コスモス石油会長	518
	松沢卓二	富士銀行相談役	540
昭和	山路敬三	日本テトラパック会長	570
	八城政基	シティバンク在日代表	571
	福原義春	資生堂会長	577
	牛尾治朗	ウシオ電機会長	601
	椎名武雄	日本IBM最高顧問	613

・掲載時の執筆年齢が若い順は下記のとおりです。

掲載順位	氏名	巻	掲載時肩書き	掲載年	掲載期間	執筆時年齢
40	永田雅一	2	大映社長	1957（S32）	5月24日〜6月10日	51
133	井深　大	6	ソニー社長	1962（S37）	12月15日〜12月31日	54
8	堀　久作	2	日活社長	1956（S31）	5月11日〜5月20日	56
56	伊藤次郎左衛門	3	松坂屋社長	1958（S33）	3月2日〜3月15日	56
128	本田宗一郎	6	本田技研工業社長	1962（S37）	8月21日〜9月14日	56
143	川又克二	7	日産自動車社長	1963（S38）	9月10日〜10月8日	56
97	奥村綱雄	4	野村証券会長	1960（S35）	7月22日〜8月11日	57
38	山本為三郎	2	朝日麦酒社長	1957（S32）	4月24日〜5月12日	58
96	萩原吉太郎	5	北海道炭礦汽船社長	1960（S35）	6月23日〜7月21日	58
111	松尾静磨	5	日本航空社長	1961（S36）	6月16日〜7月8日	58
26	新関八洲太郎	1	第一物産社長	1956（S31）	11月18日〜12月2日	59
638	ルイス・ガースナー	新聞	米IBM会長	2002（H14）	11月1日〜11月30日	60

・掲載時の執筆年齢が高い順は下記のとおりです。最近の登場人物では高齢者が多くなっています。

掲載順位	氏名	巻	掲載時肩書き	掲載年	掲載期間	執筆時年齢
48	岡野喜太郎	2	駿河銀行頭取	1957（S32）	9月29日〜10月13日	95
373	戸田利兵衛	20	戸田建設会長	1981（S56）	2月1日〜3月1日	95
330	黒沢酉蔵	17	雪印乳業相談役	1977（S52）	9月18日〜10月13日	92
586	伊部恭之助	34	住友銀行最高顧問	1998（H10）	7月1日〜7月31日	90
624	安藤百福	36	日清食品会長	2001（H13）	9月1日〜9月30日	90
147	松永安左エ門	7	電力中央研究所理事長	1964（S39）	1月1日〜1月31日	89
179	三島海雲	10	カルピス食品工業社長	1966（S41）	4月5日〜5月3日	89
715	近藤道生	新聞	博報堂最高顧問	2009（H21）	4月1日〜4月30日	89
506	森　泰吉郎	28	森ビル社長	1991（H3）	11月1日〜11月30日	87
385	土光敏夫	20	経団連名誉会長	1982（S57）	1月1日〜2月2日	86
395	鈴木　剛	21	プラザホテル社長	1982（S57）	10月12日〜11月5日	86
454	坂口幸雄	25	日清製油会長	1987（S62）	7月1日〜7月31日	86
478	岩谷直治	26	岩谷産業会長	1989（H1）	7月1日〜7月31日	86
598	高橋政知	35	オリエンタルランド相談役	1999（H11）	7月1日〜7月31日	86
653	松原　治	38	紀伊国屋書店会長	2004（H16）	2月1日〜2月29日	86
161	鮎川義介	9	中政連総裁	1965（S40）	1月1日〜2月1日	85
266	高畑誠一	15	日商岩井相談役	1972（S47）	10月15日〜11月9日	85
387	山田徳兵衛	20	吉徳会長	1982（S57）	3月5日〜3月31日	85
602	上山善紀	35	近畿日本鉄道相談役	1999（H11）	11月1日〜11月30日	85

8　分野別分類（経済人以外：1957・3～2011・3）

	分野（人数）	氏名（掲載順）
1	政治・行政家（84）	鈴木茂三郎、松村謙三、（五島慶太）、浅沼稲次郎、砂田重政、西尾末広、（堤康次郎）、片山哲、大麻唯男、（高碕達之助）、河野一郎、（河合良成）、杉山元治郎、岩田宙三、（藤山愛一郎）、安井誠一郎、芳沢謙吉、（石橋湛山）、奥むめお、鳩山一郎、星島二郎、金森徳次郎、松野鶴平、岸信介、益谷秀次、市川房枝、河上丈太郎、重宗雄三、江田三郎、加屋興宣、内山岩太郎、神近市子、佐々木更三、船田中、田中角栄、山口喜久一郎、松田竹千代、桑原幹根、今日出海、水田三喜男、椎名悦三郎、屋良朝苗、三宅正一、石井光次郎、春日一幸、赤木宗徳、前尾繁三郎、中村梅吉、河野謙三、橋本登美三郎、大来佐武郎、灘尾弘吉、大平正芳、古井喜美、佐々木良作、町村金吾、安井謙、鈴木俊一、福田一、福永健司、勝間田清一、宮崎辰雄、二階堂進、畑和、原健三郎、金丸信、坂田道太、後藤田正晴、中曽根康弘、平松守彦、土井たか子、福田赳夫、桜井義雄、（小坂善太郎）、原文兵衛、村山富市、山中貞則、土屋義彦、石橋政嗣、河野洋平、宮澤喜一、細川護熙、（山口淑子）、（扇千景）
2	研究・教員（60）	茅誠司、小泉信三、河竹繁俊、松下正寿、三島徳七、大浜信泉、諸橋轍次、岡潔、高橋誠一郎、土屋喬雄、中村白葉、松前重義、谷川徹三、麻生磯次、貝塚茂樹、太田哲三、久松潜一、坂口謹一郎、木村秀政、内村祐之、今西錦司、小原国芳、糸川英夫、末広恭雄、森戸辰男、小川芳男、東畑精一、佐藤朔、福井謙一、向坊隆、西沢潤一、中村元、小平邦彦、林屋辰三郎、生江義男、小田稔、伊谷純一郎、河盛好蔵、石川忠雄、江上浪夫、梅棹忠夫、渡辺格、樋口隆康、白川静、山根有三、梅原猛、宇沢弘文、河合雅雄、小柴昌俊、加藤寛、江崎玲於奈、青木昌彦、谷川健一、野依良治、小宮隆太郎、篠原三代平、益川敏英、河竹登志夫、下村脩、木田元
3	作家等（52）	里見弴、江戸川乱歩、正宗白鳥、佐藤春夫、村松梢風、長谷川伸、広津和郎、野村胡堂、武者小路実篤、久保田万太郎、小島政二郎、中山義秀、室生犀星、尾崎士郎、渋沢秀雄、大佛次郎、林房雄、芹沢光治良、平林たい子、舟橋聖一、井伏鱒二、川口松太郎、横山隆一、石

3	作家等（52）	坂洋次郎、源氏鶏太、井上靖、石川達三、尾崎一雄、北条秀司、藤沢桓夫、円地文子、永井龍男、田宮虎彦、阿川弘之、水上勉、田河水泡、遠藤周作、佐藤愛子、瀬戸内寂聴、中村真一郎、黒岩重吾、安岡章太郎、田辺聖子、清岡卓行、庄野潤三、三浦哲郎、水木しげる、陳舜臣、北杜夫、小松左京、平岩弓枝、津本陽
4	芸術（32）（絵画、建築、写真、デザイン）	川端龍子、東郷青児、東山魁夷、岩田専太郎、前田青邨、坂本繁二郎、熊谷守一、奥村土牛、谷口吉郎、棟方志功、中川一政、橋本明治、山本丘人、猪熊弦一郎、山口華楊、上村松篁、西岡常一、平山郁夫、平良敏子、加山又造、森英恵、横尾忠則、奥田元宋、土門拳、丹下健三、秋山庄太郎、栄久庵憲司、野見山暁治、磯崎新、芦田淳、安野光雅、安藤忠雄
5	官公庁関係（25）	十河信二、荷見安、柳田誠二郎、（河野一之）、渡辺武、島秀雄、（米沢滋）、下田武三、片柳真吉、牛場信彦、朝海浩一郎、（柏木雄介）、谷村裕、（磯崎叡）、小倉武一、（吉野俊彦）、（澄田智）、（高木文雄）、両角良彦、明石康、松永信雄、（長岡實）、金森久雄、行天豊雄、（近藤道生）
6	外国籍者（24）（太字は経済人と重複）	Ｊ・Ｗ・フルブライト（政治家）、マナブ間部（画家）、**ゴードン・ムーア**（インテル）、Ｍ・サッチャー（政治家）、マハティール・モハマド（政治家）、Ｐ・カルダン（デザイナー）、孫平化（政治家）、Ｈ・Ｍスハルト（政治家）、**ヘルムート・マウハー**（ネスレ）、リー・クワンユー（政治家）、Ａ・フジモリ（政治家）、Ｍ・マンスフィールド（政治家）、**ボブ・ガルビン**（モトローラ）、**ジャック・ウェルチ**（ＧＥ）、**ルイス・ガーナー**（ＩＢＭ）、Ｆ・Ｖ・ラモス（政治家）、Ｊ・Ｋ・ガルブレイス（経済学者）、Ｐ・ボルガー（ＦＲＢ）、Ｐ・ドラッガー（経済学者）、**ルイ・シュバイツァー**（ルノー）、Ｊ・ニクラス（プロゴルファー）、Ａ・グリーンスパン（ＦＲＢ）、Ｈ・ベーカー（政治家）、ウィリアム・ペリー（政治家）
7	俳優（22）（歌舞伎、舞台、映画）	市川猿之助、市川寿海、花柳章太郎、渋谷天外、尾上多賀之丞、長谷川一夫、中村鴈治郎Ⅱ、島田正吾、尾上松禄、尾上梅幸、森繁久彌、中村歌右衛門、東野英治郎、市川右太衛門、笠智衆、片岡仁左衛門、中村雀右衛門、池辺良、中村富十郎、中村鴈治郎Ⅲ（坂田藤十郎）、仲代達矢、加山雄三
9	音楽家（17）	山田耕筰、藤原義江、古賀政男、朝比奈隆、藤山一郎、平岡養一、服部良一、吉田正、辻久子、團伊久磨、石井好子、ジョージ川口、渡辺貞夫、園田高広、船村徹、岩城宏之、遠藤実

10	女優・宝塚（15）	東山千栄子、杉村春子、水谷八重子、田中絹代、天津乙女、長門美保、春日野八千代、ミヤコ蝶々、山本富士子、（山口淑子）、宮城まり子、森光子、（扇千景）、香川京子、有馬稲子
10	古典芸能（15）（能・文楽・舞踊）	吉田難波掾、豊竹山城小掾、井上八千代、桐竹紋十郎、梅若六郎、喜多六平太、吉住滋恭、森口華弘、武原はん、野村万蔵、吉田玉男、茂山千作、竹本住太夫、片山九郎右衛門、吉田蓑助
10	ジャーナリスト・他（15）	高橋亀吉、長谷川如是閑、沢田美喜、菅原通済、平塚らいてう、（小汀利得）、（小林勇）、滝田実、太田薫、山高しげり、古垣鉄郎、宮田義二、木内信胤、山岸章、（渡邉恒雄）
13	医師（14）	田崎勇三、武見太郎、緒方知三郎、冲中重雄、榊原仟、塚本憲甫、大塚敬節、山村雄一、日野原重明、杉村隆、斎藤茂太、岸本忠三、石坂公成、早石修
14	歌人・俳人・詩人（13）	荻原井泉水、吉井勇、富安風生、川田順、西條八十、水原秋桜子、窪田空穂、山口誓子、中村汀女、金子兜太、阿久悠、森澄雄、岡井隆
15	野球（10）	川上哲治、鶴岡一人、別所毅彦、西本幸雄、杉下茂、稲尾和久、野村克也、長嶋茂雄、吉田義男、広岡達朗
16	他スポーツ（9）	三船久蔵、吉岡隆徳、宮本留吉、古橋広之進、南部忠平、猪谷千春、三浦雄一郎、川淵三郎、青木功
16	映画関係者（9）	徳川無声、衣笠貞之助、木下恵介、市川崑、山田洋次、淀川長治、今村昌平、篠田正浩、新藤兼人
16	陶芸家等（9）	富本憲吉、浜田庄司、荒川豊蔵、酒井田柿右衛門、加藤唐九郎、藤原啓、辻清明、藤田喬平、加藤卓男
16	彫刻家等（9）	朝倉文夫、松田権六、鹿島一谷、北村西望、流政之、佐藤忠良、香取正彦、隅谷正峯、飯田善国
20	宗教（8）	鈴木大拙、橋本凝胤、池田大作、御木徳近、庭野日敬、立花大亀、葉上照澄、山田恵諦
21	皇室関係（7）	島津忠承、徳川義親、竹田恒徳、入江相政、山階芳麿、細川護貞、有馬頼底
22	囲碁（6）	橋本宇太郎、瀬越憲作、高川格、坂田栄男、藤沢秀行、林海峰
23	相撲（5）	時津風定次、武蔵川喜偉、春日野清隆、二子山勝治、大鵬幸喜
23	華・茶・書道（5）	勅使河原蒼風、豊海春海、小原豊雲、千宗室、小堀宗慶

25	将棋（4）	木村義雄、大山康晴、加藤治郎、二上達也
25	法曹（4）	田中耕太郎、石田和外、藤林益三、矢口洪一
27	落語家（3）	三遊亭円生、柳家小さん、桂米朝

・（　）は、業種別経済人と重複、または職業別で重複している人名。外国人の場合、太字が重複者。
・分野の配列は、掲載人数の多い順とした。
・掲載比率（738人中）
1位：経済人295人（39・97％）
2位：政治・行政家84人（11・38％）
3位：研究・教職員60人（8・13％）
4位：作家等52人（7・05％）

9　執筆者の縁戚関係一覧

関係	氏名
実親子	井植歳男・敏（三洋電機）、石井光次郎（政治家）・好子（音楽家）、河竹繁俊・登志夫（演劇）、河野一郎・洋平（政治家）、五島慶太・昇（東急グループ）、中村鴈治郎二代目（歌舞伎）・鴈治郎三代目（坂田藤十郎）、細川護貞（皇室関係）・護熙（政治家）、諸橋徹次（学者）・晋六（三菱商事）
義理の親子	鹿島守之助・石川六郎（鹿島）
実兄弟	斎藤茂太（医師）・北杜夫（作家）、河野一郎（政治家）・謙三（政治家）、町村敬貴（牧場主）・金吾（政治家）
義理の兄弟	松下幸之助（松下電器）・井植歳男（三洋電機）
伯父・叔父と甥	石坂泰三（経団連）・公成（学者）、井上貞次郎・長谷川薫（レンゴー）、河野謙三（政治家）・洋平（政治家）、永野重雄（新日鐵）・健（三菱マテリアル）、松下幸之助・井植敏（三洋電機）
夫婦	中村鴈治郎三代目（坂田藤十郎：歌舞伎）・扇千景（宝塚・女優・政治家）

・人名の配列は、五十音順とした。
・石川六郎は鹿島守之助の娘婿に当たる。
・井植歳男の姉が松下幸之助の妻に当たる。
・石坂泰三の長兄・弘毅の息子が石坂公成に当たる。
・長谷川薫の父親は、井上貞次郎の弟に当たる。
・永野重雄（新日鐵）の長兄（護）の長男が永野健（三菱マテリアル）に当たる。

注

＊1　日本経営者団体連盟
＊2　経済団体連合会
＊3　東京証券取引所
＊4　日本銀行
＊5　アジア開発銀行
＊6　農林中央金庫
＊7　長期信用銀行
＊8　日本商工会議所
＊9　日本債券信用銀行
＊10　東京証券取引所
＊11　関西経済連合会
＊12　日本国際連合協会
＊13　大阪商工会議所
＊14　日本中小企業政治連盟
＊15　名古屋商工会議所
＊16　中部経済連合会

第五章　過去の連載を読みたいとき

本書で紹介した「私の履歴書」執筆者のなかで、「詳しく知りたい」「読み直してみたい」という連載がある場合、次のような方法で読むことができます。

1　インターネットで調べる

一番簡単なのは、日本経済新聞社のホームページを開き、その一番下の「お問い合わせ」項目をクリックするとヘルプセンター画面が表示されます。

その欄の左画面に「よくある質問（ＦＡＱ）」があり、そこをクリックすると検索欄が出てきます。その欄に「私の履歴書」と書き込むと、よくある質問項目一覧が次のように表示されます。これらの項目をコントロールキーを押しながらクリックすると、知りたい内容が回答されます。

タイトル

1 過去に載った「私の履歴書」の掲載日を知りたい。
2 「私の履歴書」で本になったものはありますか。
3 「私の履歴書」出版物シリーズ(1)
4 「私の履歴書」出版物シリーズ(2)経済人
5 「私の履歴書」出版物シリーズ(3)文化人
6 「私の履歴書」出版物シリーズ(4)昭和の経営者群像
7 「私の履歴書」出版物シリーズ(5)日経ビジネス人文庫
8 電子版では「私の履歴書」を過去何日分読めますか。

これらの回答を参考にすれば、範囲は限られますが希望する執筆者の掲載記事を読むことができます。

また、日本経済新聞「私の履歴書」―Wikipedia のＵＲＬは下記のとおりです。http://ja.wikipedia.org/wiki/%E7%A7%81%E3%81%AE%E5%B1%A5%E6%AD%B4%E6%9B%B8#1 掲載を始めた昭和31年(１９５６)３月から現在までの執筆者を暦年ごとに掲示し、その上、執筆者の経歴なども紹介されていますから、執筆者の抽出に便利です。ここには、「私の履歴書」に掲載されたのちに、執筆者が未発表の資料も加えて本人名の単行本で出版している題名も案内されています。

特定の人物の履歴書を読みたい場合は、ここで単行本があるか否かを調べるとよいでしょう。

この電子掲示板で読めない執筆者のものは、本書巻末に掲げてある一欄で掲載期間を調べ、図書館などにある日本経済新聞の縮刷版で読むことができます。

2　図書館で調べる

県立図書館クラスであれば、昭和30年代から新聞の縮刷版を保管しているため、いつ「私の履歴書」に掲載されたかが分かれば読むことができます。また、「経済人」「文化人」「昭和の経営者群像」のほか、政治家、相撲取り、ジャーナリスト、野球選手など分野ごとの執筆者3～4人を掲載した「日経ビジネス人文庫」はそろっています。

3 「私の履歴書」のシリーズ編集

『私の履歴書』（第1集～第49集、日本経済新聞社、1957～1973年）人物を分けずに時系列に配列したもの

『私の履歴書　経済人』（全24巻、日本経済新聞社、1980～1987年）

『私の履歴書　文化人』（全20巻、日本経済新聞社、1983～1984年）上記2シリーズは改めて経済人と文化人に分けて再編集したもの

『私の履歴書　昭和の経営者群像』（全10巻、日本経済新聞社、1992年）

『私の履歴書　経済人』（全38巻、日本経済新聞社、2004年）旧シリーズに14巻を追加

『シリーズ・私の履歴書』（日本経済新聞社・日本経済新聞出版社、日経ビジネス人文庫、2006～2008年）

1　井伏鱒二・舟橋聖一・井上靖・水上勉『私の履歴書　中間小説の黄金時代』（日本経済新聞社、2006年）

2　上村松篁・東山魁夷・加山又造・平山郁夫『私の履歴書　日本画の巨匠』（日本経済新

聞社、2006年）
3　時津風定次・二子山勝治・大鵬幸喜『私の履歴書　最強の横綱』（日本経済新聞社、2006年）
4　東山千栄子・水谷八重子・杉村春子・田中絹代・ミヤコ蝶々『私の履歴書　女優の運命』（日本経済新聞社、2006年）
5　安岡章太郎・阿川弘之・庄野潤三・遠藤周作『私の履歴書　第三の新人』（日本経済新聞出版社、2007年）
6　熊谷守一・中川一政・東郷青児・棟方志功『私の履歴書　孤高の画人』（日本経済新聞出版社、2007年）
7　鶴岡一人・川上哲治・西本幸雄・稲尾和久『私の履歴書　プロ野球伝説の名将』（日本経済新聞出版社、2007年）
8　円地文子・瀬戸内寂聴・佐藤愛子・田辺聖子『私の履歴書　女流作家』（日本経済新聞出版社、2007年）
9　岸信介・河野一郎・福田赳夫・後藤田正晴・田中角栄・中曽根康弘『私の履歴書　保守政権の担い手』（日本経済新聞出版社、2007年）
10　白川静・中村元・梅棹忠夫・梅原猛『私の履歴書　知の越境者』（日本経済新聞出版社、2007年）

11　今西錦司・福井謙一・河合雅雄・西澤潤一・小柴昌俊『私の履歴書　科学の求道者』（日本経済新聞出版社、２００７年）

12　長谷川如是閑・石橋湛山・小汀利得・小林勇『私の履歴書　反骨の言論人』（日本経済新聞出版社、２００７年）

13　田河水泡・岩田専太郎・土門拳・横尾忠則『私の履歴書　芸術家の独創』（日本経済新聞出版社、２００８年）

「シリーズ・私の履歴書」は専門分野ごとにテーマを設定して登場人物を選んでいます。「中間小説の黄金時代」、「第三の新人」、「日本画の巨匠」、「孤高の画人」、「知の越境者」、「科学の求道者」などです。

そのほかこのシリーズでは、相撲、女優、野球、政治家、ジャーナリスト、芸術家からバラエティに富んだテーマでまとめています。この分野に興味をおもちの方には、楽しめるシリーズです。

「私の履歴書」掲載一覧（経済人）

掲載順	氏　名	掲載時肩書き	掲載年	掲載期間	執筆時年齢	出身地	生年月日
2	原　安三郎	日本化薬社長	1956（S31）	3月8日～3月20日	72	徳島	1884（M17）3・1
5	五島慶太	東急会長	1956（S31）	4月14日～4月23日	74	長野	1882（M15）4・18
8	堀　久作	日活社長	1956（S31）	5月11日～5月20日	56	東京	1900（M33）
11	杉　道助	大阪商工会議所会頭	1956（S31）	6月6日～6月12日	72	山口	1884（M17）
13	遠山元一	日興証券会長	1956（S31）	6月20日～6月28日	66	埼玉	1904（M37）7
16	出光佐三	出光興産社長	1956（S31）	7月19日～7月28日	71	福岡	1885（M18）
17	堤　康次郎	前衆議院議長	1956（S31）	7月29日～8月8日	67	滋賀	1889（M22）2・10
19	松下幸之助	松下電器産業社長	1956（S31）	8月19日～8月26日	62	和歌山	1894（M27）11
22	中山　均	日銀政策委員	1956（S31）	9月22日～10月5日	70	静岡	1886（M19）5・26
25	山崎種二	山崎証券社長	1956（S31）	11月1日～11月17日	63	群馬	1893（M26）12・8
26	新関八洲太郎	第一物産社長	1956（S31）	11月18日～12月2日	59	埼玉	1897（M30）4・2
28	高碕達之助	経済企画庁長官	1956（S31）	12月11日～12月21日	71	大阪	1885（M18）
30	石坂泰三	東芝社長・経団連会長	1957（S32）	1月1日～1月11日	71	東京	1886（M19）
32	大谷竹次郎	松竹会長	1957（S32）	1月27日～2月5日	80	京都	1877（M10）12・13
33	石橋正二郎	ブリヂストンタイヤ社長	1957（S32）	2月6日～2月18日	68	福岡	1889（M22）2・25
35	伊藤忠兵衛	東洋パルプ会長	1957（S32）	3月7日～3月24日	71	滋賀	1886（M19）6・12
38	山本為三郎	朝日麦酒社長	1957（S32）	4月24日～5月12日	58	大阪	1893（M26）4
40	永田雅一	大映社長	1957（S32）	5月24日～6月10日	51	京都	1906（M39）1・8
42	杉山金太郎	豊年製油会長	1957（S32）	6月29日～7月12日	81	和歌山	1875（M8）
43	河合良成	小松製作所社長	1957（S32）	7月13日～7月25日	71	富山	1886（M19）5
46	藤山愛一郎	外相	1957（S32）	8月27日～9月10日	61	東京	1897（M30）5・22
48	岡野喜太郎	駿河銀行頭取	1957（S32）	9月29日～10月13日	95	静岡	1864（G元）4・4
50	石毛郁治	東洋高圧社長	1957（S32）	10月29日～11月18日	63	千葉	1895（M28）5・18

53	石橋湛山	前首相	1958（S33）	1月3日〜1月23日	73	山梨	1884（M17）9・25
55	足立　正	日商会頭	1958（S33）	2月17日〜3月1日	75	鳥取	1883（M16）2・28
56	伊藤次郎左衛門	松坂屋社長	1958（S33）	3月2日〜3月15日	56	名古屋	1902（M35）7・5
58	平塚常次郎	日魯漁業社長	1958（S33）	4月5日〜4月26日	77	北海道	1881（M14）11・9
59	河田　重	日本鋼管社長	1958（S33）	4月27日〜5月17日	71	茨城	1887（M20）7・25
60	大屋晋三	帝国人造絹糸社長	1958（S33）	5月18日〜6月9日	64	群馬	1894（M27）7・5
65	石田退三	トヨタ自工社長	1958（S33）	9月6日〜9月18日	69	愛知	1888（M21）11・16
67	安川第五郎	日本原子力発電社長	1958（S33）	10月9日〜10月26日	72	福岡	1886（M19）6・2
75	大川　博	東映社長	1959（S34）	2月24日〜3月16日	63	新潟	1896（M29）12・30
76	栗田淳一	日石社長	1959（S34）	3月17日〜4月12日	71	山口	1888（M21）5・17
79	井村荒喜	不二越鋼材社長	1959（S34）	5月29日〜6月27日	68	長崎	1891（M24）11・3
80	井上貞治郎	聯合紙器社長	1959（S34）	6月28日〜7月17日	77	兵庫	1882（M15）10・3
82	伊藤保次郎	三菱鉱業社長	1959（S34）	8月9日〜8月28日	69	山形	1890（M23）9
83	藍沢彌八	東証理事長	1959（S34）	8月29日〜9月22日	79	新潟	1880（M13）3・22
85	内ヶ崎贇五郎	東北電力社長	1959（S34）	10月15日〜11月2日	64	宮城	1895（M28）9・25
87	佐藤　貢	雪印乳業社長	1959（S34）	11月17日〜12月12日	61	北海道	1898（M31）2・14
88	山岡孫吉	ヤンマーディーゼル社長	1959（S34）	12月13日〜12月31日	71	滋賀	1888（M21）3・22
92	青木均一	東京電力社長	1960（S35）	3月9日〜4月4日	62	静岡	1898（M31）2・14
94	諸井貫一	秩父セメント社長	1960（S35）	5月1日〜5月28日	64	東京	1896（M29）1・11
96	萩原吉太郎	北海道炭礦汽船社長	1960（S35）	6月23日〜7月21日	58	埼玉	1902（M35）
97	奥村綱雄	野村証券会長	1960（S35）	7月22日〜8月11日	57	滋賀	1903（M36）
101	渡辺政人	東北開発社長	1960（S35）	10月28日〜11月20日	67	宮城	1892（M25）12・3
102	犬丸徹三	帝国ホテル社長	1960（S35）	11月21日〜12月11日	73	石川	1887（M20）6・8
103	池田亀三郎	三菱油化社長	1960（S35）	12月12日〜12月31日	76	山形	1884（M17）5・21
105	和田完二	丸善石油社長	1961（S36）	2月1日〜2月23日	63	兵庫	1896（M29）6・12
106	石塚粂蔵	日本製鋼所会長	1961（S36）	2月24日〜3月11日	74	東京	1886（M19）2・17

108	小田原大造	大阪商工会議所会頭	1961（S36）	4月7日〜4月30日	68	広島	1892（M25）11
111	松尾静麿	日本航空社長	1961（S36）	6月16日〜7月8日	58	佐賀	1903（M36）2・17
112	塚田公太	倉敷紡会長	1961（S36）	7月9日〜8月5日	74	新潟	1885（M18）9・27
114	福田千里	大和証券社長	1961（S36）	9月1日〜9月27日	65	東京	1896（M29）10・20
118	佐々部晩穂	名古屋商工会議所会頭	1961（S36）	12月8日〜12月31日	72	福岡	1893（M26）3・26
121	市村　清	理研光学社長	1962（S37）	2月21日〜3月20日	62	佐賀	1900（M33）4・4
124	三村起一	石油資源開発社長	1962（S37）	5月12日〜6月7日	77	東京	1887（M20）8・15
126	奥村政雄	日本カーバイト社長	1962（S37）	7月1日〜7月26日	84	熊本	1879（M12）11・29
128	本田宗一郎	本田技研工業社長	1962（S37）	8月21日〜9月14日	56	静岡	1906（M39）11・17
129	早川徳次	早川電気工業社長	1962（S37）	9月15日〜10月12日	80	東京	1883（M16）11・3
130	中部謙吉	大洋漁業社長	1962（S37）	10月13日〜11月6日	66	兵庫	1896（M29）3・25
132	坂　信弥	大商証券社長	1962（S37）	11月27日〜12月14日	64	大阪	1898（M31）12・23
133	井深　大	ソニー社長	1962（S37）	12月15日〜12月31日	54	栃木	1908（M41）4・11
137	井植歳男	三洋電機社長	1963（S38）	3月31日〜4月26日	61	兵庫	1902（M35）12・28
139	小川栄一	藤田観光社長	1963（S38）	5月28日〜6月26日	64	長野	1899（M32）12・24
142	江崎利一	江崎グリコ社長	1963（S38）	8月16日〜9月9日	80	佐賀	1882（M15）12・23
143	川又克二	日産自動車社長	1963（S38）	9月10日〜10月8日	56	茨城	1905（M38）3・1
145	柳田誠二郎	海外経済協力基金総裁	1963（S38）	11月8日〜12月6日	70	栃木	1893（M26）9・2
147	松永安左エ門	電力中央研究所理事長	1964（S39）	1月1日〜1月31日	89	長崎	1875（M8）12・1
149	町村敬貴	北海道町村牧場主	1964（S39）	3月1日〜3月18日	83	北海道	1882（M15）12・20
150	大谷米太郎	大谷重工業社長	1964（S39）	3月19日〜4月12日	83	富山	1881（M14）7・24
154	大屋　敦	日銀政策委員	1964（S39）	7月11日〜8月4日	79	東京	1885（M18）9・5
155	石原廣一郎	石原産業会長	1964（S39）	8月5日〜8月28日	74	京都	1890（M23）1・31
156	鹿島守之助	鹿島会長・参議院議員	1964（S39）	8月29日〜9月23日	66	兵庫	1896（M29）2・2
157	高杉晋一	三菱電機相談役	1964（S39）	9月25日〜10月23日	72	茨城	1892（M25）3・1
161	鮎川義介	中政連総裁	1965（S40）	1月1日〜2月1日	85	山口	1880（M13）

164	稲山嘉寛	八幡製鉄社長	1965(S40)	3月18日～4月13日	62	東京	1903(M36)12・31
166	嶋田卓弥	蛇の目ミシン社長	1965(S40)	5月4日～5月30日	64	滋賀	1901(M34)12・1
169	進藤武左ヱ門	水資源開発公団総裁	1965(S40)	7月10日～8月2日	69	長野	1896(M29)12・19
171	岩切章太郎	宮崎交通会長	1965(S40)	8月25日～9月16日	82	宮崎	1893(M26)5・8
173	松田恒次	東洋工業社長	1965(S40)	10月15日～11月8日	70	大阪	1895(M28)11・24
176	佐藤喜一郎	三井銀行会長	1966(S41)	1月1日～1月31日	70	神奈川	1896(M29)1・22
179	三島海雲	カルピス食品工業社長	1966(S41)	4月5日～5月3日	89	大阪	1878(M11)7・2
181	北沢敬二郎	大丸会長	1966(S41)	6月1日～6月30日	77	山形	1889(M22)5・28
182	久保田豊	日本工営社長	1966(S41)	7月1日～7月29日	76	熊本	1890(M23)4・27
185	野村與曽市	電気化学工業社長	1966(S41)	9月25日～10月21日	77	滋賀	1889(M22)10・15
187	中山幸市	太平住宅社長	1966(S41)	11月17日～12月2日	66	岡山	1900(M33)12・5
191	井上五郎	中電会長・中経連会長	1967(S42)	3月7日～4月4日	68	東京	1899(M32)8
195	法華津孝太	極洋捕鯨社長	1967(S42)	7月10日～7月31日	64	東京	1903(M36)7・30
198	中安閑一	宇部興産社長	1967(S42)	9月26日～10月16日	72	山口	1895(M28)4・5
200	岡崎嘉平太	全日空相談役	1967(S42)	11月11日～12月4日	68	岡山	1897(M30)4・16
202	植村甲午郎	経団連副会長	1968(S43)	1月1日～2月6日	73	東京	1894(M27)2・12
204	本田弘敏	東京瓦斯会長	1968(S43)	3月7日～4月6日	70	熊本	1898(M31)9・22
206	堀江薫雄	前東京銀行会長	1968(S43)	4月29日～5月29日	65	徳島	1903(M36)1・28
207	竹鶴正孝	ニッカウヰスキー社長	1968(S43)	5月30日～6月26日	73	広島	1895(M28)6・20
210	広瀬経一	北海道拓銀会長	1968(S43)	8月21日～9月9日	72	香川	1896(M29)3・7
215	稲垣平太郎	ゼオン相談役・日本貿易会会長	1968(S43)	12月7日～12月31日	80	岡山	1888(M21)7・4
216	永野重雄	富士製鉄社長	1969(S44)	1月1日～2月2日	68	島根	1900(M33)7・15
218	時国益夫	麒麟麦酒社長	1969(S44)	2月28日～3月21日	76	石川	1893(M26)2・12
219	司　忠	丸善社長	1969(S44)	3月23日～4月17日	75	愛知	1893(M26)10・5
220	木下又三郎	本州製紙社長	1969(S44)	4月18日～5月20日	80	愛知	1889(M22)11・13
223	倉田主税	日立製作所相談役	1969(S44)	7月23日～8月21日	80	福岡	1889(M22)3

225	砂野　仁	川崎重工社長	1969（S44）	9月16日〜10月9日	70	京都	1899（M32）9・15
228	加藤辨三郎	協和発酵工業会長	1969（S44）	12月4日〜12月31日	70	島根	1899（M32）4・27
229	木川田一隆	東京電力社長	1970（S45）	1月1日〜1月29日	71	福島	1899（M32）8・23
230	市川　忍	丸紅飯田会長	1970（S45）	1月30日〜2月26日	73	茨城	1897（M30）1・9
231	土川元夫	名古屋鉄道社長	1970（S45）	2月27日〜3月25日	67	東京	1903（M36）6
233	瀬川美能留	野村証券会長	1970（S45）	4月22日〜5月20日	64	奈良	1906（M39）3・31
237	小原鐵五郎	城南信金理事長	1970（S45）	8月5日〜9月2日	71	東京	1899（M32）11・
239	安西正夫	昭和電工社長	1970（S45）	10月3日〜10月31日	65	千葉	1905（M38）11・12
242	宇佐美　洵	日本銀行総裁	1971（S46）	1月1日〜1月29日	70	東京	1901（M34）2・5
243	小汀利得	評論家	1971（S46）	1月30日〜2月28日	81	島根	1889（M22）12・3
246	茂木啓三郎	キッコーマン醤油社長	1971（S46）	4月21日〜5月17日	70	千葉	1899（M32）8・5
250	土井正治	住友化学工業会長	1971（S46）	8月11日〜9月8日	77	兵庫	1894（M27）5・1
251	和田恒輔	富士電機製造相談役	1971（S46）	9月9日〜10月8日	84	山口	1887（M20）11・3
256	小林　勇	岩波書店会長	1972（S47）	1月30日〜2月23日	68	長野	1903（M36）3・27
257	松田伊三雄	三越社長	1972（S47）	2月24日〜3月19日	76	香川	1896（M29）3・10
262	田代茂樹	東レ名誉会長	1972（S47）	6月30日〜7月27日	82	福岡	1890（M23）12・5
264	赤尾好夫	旺文社社長	1972（S47）	8月23日〜9月17日	65	山梨	1907（M40）3・31
266	高畑誠一	日商岩井相談役	1972（S47）	10月15日〜11月9日	85	愛媛	1887（M20）3・21
271	池田謙蔵	三菱信託相談役	1973（S48）	3月3日〜3月28日	80	奈良	1893（M26）2・2
273	渡辺　武	前アジア開発銀行総裁	1973（S48）	4月24日〜5月22日	67	東京	1906（M39）2・15
275	田口利八	西濃運輸社長	1973（S48）	6月20日〜7月17日	65	長野	1907（M40）2・25
277	水上達三	日本貿易会会長	1973（S48）	8月15日〜9月10日	70	山梨	1903（M36）10・15
287	立石一真	立石電機社長	1974（S49）	5月24日〜6月21日	74	熊本	1900（M33）9・20
290	神谷正太郎	トヨタ自動車販売社長	1974（S49）	8月19日〜9月16日	76	愛知	1898（M31）7・9
298	日高　輝	山一證券会長	1975（S50）	4月1日〜4月27日	70	東京	1905（M38）2
299	島　秀雄	宇宙開発事業団理事長	1975（S50）	4月28日〜5月26日	74	大阪	1901（M34）5

302	田口連三	石川島播磨重工業会長	1975(S50)	7月27日〜8月22日	69	山形	1906(M39)2・3
304	越後正一	伊藤忠商事会長	1975(S50)	9月17日〜10月14日	74	滋賀	1901(M34)4・26
308	松下幸之助	松下電器産業相談役	1976(S51)	1月1日〜1月31日	82	和歌山	1894(M27)11・27
310	樫山純三	樫山会長	1976(S51)	3月2日〜4月1日	75	長野	1901(M34)9・21
313	米沢　滋	電電公社総裁	1976(S51)	6月1日〜6月26日	65	長野	1911(M44)2・1
316	田辺茂一	紀伊國屋書店社長	1976(S51)	8月24日〜9月17日	71	東京	1905(M38)2・12
318	大槻文平	三菱鉱業セメント会長	1976(S51)	10月16日〜11月11日	73	宮城	1903(M36)9・27
324	小林節太郎	富士写真フイルム会長	1977(S52)	3月29日〜4月25日	78	兵庫	1899(M32)11・7
328	横山通夫	中部電力相談役	1977(S52)	7月27日〜8月21日	77	栃木	1900(M33)1・25
329	吉田忠雄	吉田工業社長	1977(S52)	8月22日〜9月17日	70	富山	1908(M41)9・19
330	黒沢酉蔵	雪印乳業相談役	1977(S52)	9月18日〜10月13日	92	茨城	1885(M18)3・28
332	川勝　伝	南海電気自動車社長	1977(S52)	11月10日〜12月6日	76	京都	1901(M34)7・12
337	川上源一	日本楽器製造会長	1978(S53)	4月1日〜4月29日	66	静岡	1912(M45)1・30
340	西川政一	日商岩井相談役	1978(S53)	6月30日〜7月28日	79	兵庫	1899(M32)9・5
342	弘世　現	日本生命保険社長	1978(S53)	8月24日〜9月20日	74	東京	1904(M37)5・21
348	安井正義	ブラザー工業会長	1979(S54)	2月1日〜2月28日	75	愛知	1904(M37)4・5
350	伊藤傳三	伊藤ハム栄養食品社長	1979(S54)	3月31日〜4月25日	71	三重	1908(M41)11・19
353	川井三郎	協栄生命保険会長	1979(S54)	6月25日〜7月23日	71	東京	1908(M41)2・5
358	北裏喜一郎	野村証券会長	1979(S54)	11月10日〜12月6日	68	和歌山	1911(M44)3・14
362	安藤豊禄	小野田セメント相談役	1980(S55)	3月3日〜4月2日	83	大分	1897(M30)1・18
363	川喜多長政	東宝東和会長	1980(S55)	4月3日〜5月2日	77	東京	1903(M36)4・30
364	江戸英雄	三井不動産会長	1980(S55)	5月3日〜6月2日	77	茨城	1903(M36)7・17
366	加藤誠之	トヨタ自動車販売会長	1980(S55)	7月1日〜7月30日	73	三重	1907(M40)11・25
367	安藤楢六	小田急電鉄会長	1980(S55)	7月31日〜8月30日	80	大分	1900(M33)9・14
369	竹田弘太郎	名古屋鉄道社長	1980(S55)	10月1日〜10月30日	64	愛知	1916(T5)

370	湯浅佑一	湯浅電池・商事社長	1980（S55）	10月31日～11月30日	73	京都	1906（M39）12・17
371	早川種三	興人相談役	1980（S55）	12月1日～12月31日	83	宮城	1897（M30）6・6
372	駒井健一郎	日立製作所会長	1981（S56）	1月1日～1月31日	80	東京	1900（M33）12
373	戸田利兵衛	戸田建設会長	1981（S56）	2月1日～3月1日	95	茨城	1886（M19）1・15
375	川村勝巳	大日本インキ化学相談役	1981（S56）	4月1日～4月30日	76	栃木	1905（M38）5
377	野田岩次郎	ホテルオークラ会長	1981（S56）	5月31日～6月27日	68	長崎	1897（M30）2・15
380	大野　勇	森永乳業相談役	1981（S56）	8月20日～9月14日	82	東京	1899（M32）3・27
382	片柳真吉	農林中央金庫顧問	1981（S56）	10月13日～11月8日	76	東京	1899（M32）3・25
385	土光敏夫	経団連名誉会長	1982（S57）	1月1日～2月2日	86	岡山	1896（M29）9・15
386	高柳健次郎	日本ビクター顧問	1982（S57）	2月3日～3月4日	83	静岡	1899（M32）1・20
387	山田徳兵衛	吉徳会長	1982（S57）	3月5日～3月31日	85	東京	1896（M29）5・14
388	乾　豊彦	乾汽船会長・日本ゴルフ協会会長	1982（S57）	4月1日～4月26日	75	愛知	1907（M40）1・28
392	河野一之	太陽神戸銀行相談役	1982（S57）	7月21日～8月17日	74	広島	1907（M40）8・2
395	鈴木　剛	プラザホテル社長	1982（S57）	10月12日～11月5日	86	広島	1896（M29）7・25
399	東条猛猪	北海道拓殖銀行会長	1983（S58）	2月1日～2月28日	73	高知	1910（M43）1・29
402	田嶋一雄	ミノルタカメラ会長	1983（S58）	4月25日～5月21日	83	和歌山	1899（M32）11・20
404	三宅重光	東海銀行会長	1983（S58）	6月22日～7月16日	72	大阪	1911（M44）2
408	田中文雄	王子製紙会長	1983（S58）	10月11日～11月6日	73	長野	1910（M43）7
410	宮崎　輝	旭化成工業社長	1983（S58）	12月7日～12月31日	74	長野	1909（M42）4・19
413	井上　薫	第一勧業銀行名誉会長	1984（S59）	3月2日～3月31日	77	千葉	1906（M39）5
417	菊池庄次郎	日本郵船会長	1984（S59）	6月25日～7月20日	71	宮城	1912（M45）3・
418	大社義規	日本ハム社長	1984（S59）	7月21日～8月18日	68	香川	1915（T4）2・1
420	豊田英二	トヨタ自動車会長	1984（S59）	9月18日～10月15日	71	愛知	1913（T2）9・12
423	梁瀬次郎	ヤナセ社長	1984（S59）	12月7日～12月31日	68	東京	1916（T5）6・28
424	槇田久生	日本鋼管会長	1985（S60）	1月1日～1月28日	76	長崎	1909（M42）

429	斎藤英四郎	新日本製鐵会長	1985(S60)	6月1日〜7月2日	74	新潟	1911(M44)11・22
431	川崎大次郎	第百生命保険会長	1985(S60)	8月1日〜8月31日	79	東京	1906(M39)10
433	田鍋　健	積水ハウス社長	1985(S60)	10月2日〜10月31日	73	大阪	1912(T元)10・21
438	素野福次郎	TDK会長	1986(S61)	3月4日〜3月31日	74	兵庫	1912(T元)8
440	山田光成	日本信販会長	1986(S61)	5月1日〜5月31日	79	愛知	1907(M40)4・22
441	黒田暲之助	コクヨ会長	1986(S61)	6月1日〜6月30日	70	大阪	1916(T5)6・25
442	進藤貞和	三菱電機名誉会長	1986(S61)	7月1日〜7月31日	76	広島	1910(M43)3・4
444	柏木雄介	東京銀行会長	1986(S61)	9月1日〜10月2日	68	大連	1917(T6)10・17
448	日向方斉	関西経団連会長	1987(S62)	1月1日〜1月31日	80	山梨	1906(M39)2・24
450	水野健次郎	美津濃社長	1987(S62)	3月1日〜3月31日	73	大阪	1913(T2)10・7
452	山下　勇	JR東日本会長	1987(S62)	5月1日〜5月31日	76	東京	1911(M44)2・15
454	坂口幸雄	日清製油会長	1987(S62)	7月1日〜7月31日	86	長野	1901(M34)2・24
458	小林宏治	日本電気会長	1987(S62)	11月1日〜11月30日	80	山梨	1907(M40)2・17
464	岩村英郎	川崎製鉄会長	1988(S63)	5月1日〜5月31日	72	大阪	1915(T4)9・13
468	本坊豊吉	薩摩酒造社長	1988(S63)	9月1日〜9月30日	83	鹿児島	1905(M38)8・1
470	杉浦敏介	日本長銀会長	1988(S63)	11月1日〜11月30日	77	東京	1911(M44)11・13
474	五島　昇	日商会頭	1989(H元)	3月1日〜3月31日	72	東京	1916(T5)8・21
476	鈴木治雄	昭和電工名誉会長	1989(H元)	5月1日〜5月31日	76	神奈川	1913(T2)3・31
478	岩谷直治	岩谷産業会長	1989(H元)	7月1日〜7月31日	86	島根	1903(M36)3・7
480	永倉三郎	九州電力前会長	1989(H元)	9月1日〜9月30日	79	佐賀	1910(M43)2・15
483	八尋俊郎	三井物産会長	1989(H元)	12月1日〜12月31日	74	東京	1915(T4)2・1
484	谷村　裕	元東証理事長	1990(H2)	1月1日〜1月31日	74	東京	1916(T5)3・26
487	田中精一	中部電力会長	1990(H2)	4月1日〜4月30日	79	佐賀	1911(M44)4・26
489	磯崎　叡	サンシャインシティ相談役	1990(H2)	6月1日〜6月30日	78	東京	1912(T元)8・16
490	鬼塚喜八郎	アシックス社長	1990(H2)	7月1日〜7月31日	72	鳥取	1918(T7)5・29
493	塚本幸一	ワコール会長	1990(H2)	10月1日〜10月31日	70	宮城	1920(T9)9・17

495	春名和雄	丸紅会長	1990（H2）	12月1日～12月31日	71	神奈川	1919（T8）3・15
499	勝田龍夫	日債銀会長	1991（H3）	4月1日～4月30日	79	東京	1912（M45）2・2
502	新井正明	住友生命会長	1991（H3）	7月1日～7月31日	78	群馬	1912（T元）12・1
503	樫尾忠雄	カシオ相談役	1991（H3）	8月1日～8月31日	73	高知	1917（T6）11・26
505	石橋信夫	大和ハウス会長	1991（H3）	10月1日～10月31日	70	奈良	1921（T10）9
506	森　泰吉郎	森ビル社長	1991（H3）	11月1日～11月30日	87	東京	1904（M34）3・1
511	堀場雅夫	堀場製作所会長	1992（H4）	4月1日～4月30日	67	京都	1924（M13）12・1
517	吉野俊彦	山一證券（研）特別顧問	1992（H4）	10月1日～10月31日	77	東京	1915（T4）7・4
518	中山善郎	コスモス石油会長	1992（H4）	11月1日～11月30日	78	東京	1914（T3）2・12
522	賀来龍三郎	キヤノン会長	1993（H5）	3月1日～3月31日	66	愛知	1926（M15）5・19
523	佐治敬三	サントリー会長	1993（H5）	4月1日～4月30日	73	大阪	1919（T8）11・1
526	村田　昭	村田製作所会長	1993（H5）	7月1日～7月31日	72	京都	1921（T10）3・25
528	澄田　智	前日銀総裁	1993（H5）	9月1日～9月30日	77	群馬	1916（T5）9・4
529	石井　久	立花証券会長	1993（H5）	10月1日～10月31日	70	福岡	1923（T12）5・13
534	高木文雄	横浜みなとみらい21社長	1994（H6）	3月1日～3月31日	75	大阪	1919（T8）4・6
536	小坂善太郎	日本国連協会会長	1994（H6）	5月1日～5月31日	82	長野	1912（M45）1・3
537	竹見淳一	日本ガイシ相談役	1994（H6）	6月1日～6月30日	77	東京	1917（T6）6・19
540	松沢卓二	富士銀行相談役	1994（H6）	9月1日～9月30日	80	東京	1913（T2）7・17
542	石原　俊	日産自動車相談役	1994（H6）	11月1日～11月30日	82	東京	1912（M45）3・3
543	宇野　収	東洋紡相談役	1994（H6）	12月1日～12月31日	77	京都	1917（T6）5・29
545	ゴードン・ムーア	インテル会長	1995（H7）	2月1日～2月28日	66	米国	1929（S4）1
547	稲葉興作	日商会頭	1995（H7）	4月1日～4月30日	70	シンガポール	1924（M13）1・16
549	永山武臣	松竹会長	1995（H7）	6月1日～6月30日	69	東京	1925（T14）8・30
552	舘　豊夫	三菱自動車相談役	1995（H7）	9月1日～9月30日	75	東京	1920（T9）1・3
557	鈴木英夫	兼松名誉顧問	1996（H8）	2月1日～2月29日	74	静岡	1922（T11）1・4
558	両角良彦	総合エネルギー調査会会長	1996（H8）	3月1日～3月31日	76	新潟	1919（T8）10

564	横河正三	横河電機名誉会長	1996（H8）	9月1日～9月30日	82	東京	1914（T3）8・31
566	諸橋晋六	三菱商事会長	1996（H8）	11月1日～11月30日	74	東京	1922（T11）7・13
570	山路敬三	日本テトラパック会長	1997（H9）	3月1日～3月31日	69	愛知	1927（S2）12・26
571	八城政基	シティバンク在日代表	1997（H9）	4月1日～4月30日	68	東京	1929（S4）2・14
577	福原義春	資生堂会長	1997（H9）	10月1日～10月31日	66	東京	1931（S6）3・14
578	坂倉芳明	三越相談役	1997（H9）	11月1日～11月30日	76	東京	1921（T10）10・29
582	永野　健	三菱マテリアル相談役	1998（H10）	3月1日～3月31日	75	東京	1923（T12）1・17
585	佐波正一	東芝相談役	1998（H10）	6月1日～6月30日	79	東京	1919（T8）2・28
586	伊部恭之助	住友銀行最高顧問	1998（H10）	7月1日～7月31日	90	東京	1908（M41）7・28
587	ヘルムート・マウハー	ネスレ会長	1998（H10）	8月1日～8月31日	70	ドイツ	1927（S2）12・9
590	長谷川薫	レンゴー社長	1998（H10）	11月1日～11月30日	74	愛知	1924（M13）4・15
591	渡辺文夫	東京海上火災相談役	1998（H10）	12月1日～12月31日	81	東京	1917（T6）3・28
594	山本卓眞	富士通名誉会長	1999（H11）	3月1日～3月31日	73	熊本	1925（T14）9・11
596	江頭匡一	ロイヤル創業者	1999（H11）	5月1日～5月31日	76	福岡	1923（T12）3・25
598	高橋政知	オリエンタルランド相談役	1999（H11）	7月1日～7月31日	86	福島	1913（T2）9・4
601	牛尾治朗	ウシオ電機会長	1999（H11）	10月1日～10月31日	68	兵庫	1931（S6）2・12
602	上山善紀	近畿日本鉄道相談役	1999（H11）	11月1日～11月30日	85	新潟	1914（T3）9・21
604	中内　㓛	ダイエー会長	2000（H12）	1月1日～1月31日	77	大阪	1922（T11）8・2
609	ボブ・ガルビン	米モトローラ元会長	2000（H12）	6月1日～6月30日	77	アメリカ	1922（T11）
613	椎名武雄	日本IBM最高顧問	2000（H12）	10月1日～10月31日	71	岐阜	1930（S4）5・11
616	樋口廣太郎	アサヒビール名誉会長	2001（H13）	1月1日～1月31日	75	京都	1925（T14）1・25
618	稲盛和夫	京セラ名誉会長	2001（H13）	3月1日～3月31日	69	鹿児島	1932（S7）1・21
621	飯田　亮	セコム創業者	2001（H13）	6月1日～6月30日	68	東京	1933（S8）4・1
623	村上信夫	帝国ホテル料理顧問	2001（H13）	8月1日～8月31日	80	東京	1921（T10）
624	安藤百福	日清食品会長	2001（H13）	9月1日～9月30日	90	台湾	1910（M43）3・5
625	ジャック・ウェルチ	前米GE会長	2001（H13）	10月1日～10月31日	65	アメリカ	1936（S10）11・19

627	根本二郎	日本郵船会長	2001（H13）	12月1日～12月31日	73	千葉	1928（S3）11
628	小倉昌男	ヤマト福祉財団理事長	2002（H14）	1月1日～1月31日	77	東京	1924（T13）12・13
629	後藤康男	安田火災海上名誉会長	2002（H14）	2月1日～2月28日	78	愛媛	1923（T12）3
633	中邨秀雄	吉本興業会長	2002（H14）	6月1日～6月30日	69	大阪	1932（S7）10・20
634	石川六郎	鹿島名誉会長	2002（H14）	7月1日～7月31日	76	東京	1925（T14）11・5
636	岡田　茂	東映相談役	2002（H14）	9月1日～9月30日	78	広島	1924（T13）3・2
638	ルイス・ガースナー	米ＩＢＭ会長	2002（H14）	11月1日～11月30日	60	アメリカ	1942（S17）3・1
640	大賀典雄	ソニー会長	2003（H15）	1月1日～1月31日	73	静岡	1930（S5）1・29
643	伊藤雅俊	イトーヨーカ堂名誉会長	2003（H15）	4月1日～4月30日	79	東京	1924（T13）4・30
645	林原　健	林原社長	2003（H15）	6月1日～6月30日	61	岡山	1942（S17）1・12
648	井植　敏	三洋電機会長ＣＥＯ	2003（H15）	9月1日～9月30日	71	東京	1932（S7）2・28
653	松原　治	紀伊國屋書店会長	2004（H16）	2月1日～2月29日	86	千葉	1917（T6）10
654	岡田卓也	イオン名誉会長	2004（H16）	3月1日～3月31日	78	三重	1925（T14）9・19
655	長岡　實	元東証理事長	2004（H16）	4月1日～4月30日	79	東京	1924（T13）5
658	矢嶋英敏	島津製作所会長	2004（H16）	7月1日～7月31日	69	群馬	1935（S10）1・25
662	武田國男	武田薬品会長	2004（H16）	11月1日～11月30日	64	兵庫	1940（S15）1・5
667	米山　稔	ヨネックス会長	2005（H17）	4月1日～4月30日	80	新潟	1938（T13）10・15
670	島野喜三	シマノ会長	2005（H17）	7月1日～7月31日	70	大阪	1934（S9）11・27
672	佐藤安弘	キリンビール相談役	2005（H17）	9月1日～9月30日	69	東京	1936（S11）2・7
673	ルイ・シュバイツァー	ルノー会長	2005（H17）	10月1日～10月31日	63	スイス	1942（S17）
680	金川千尋	信越化学社長	2006（H18）	5月1日～5月31日	80	韓国	1926（T15）3・15
685	行天豊雄	国際通貨研究所理事長	2006（H18）	10月1日～10月31日	75	神奈川	1931（S6）1・2
686	江頭邦雄	味の素会長	2006（H18）	11月1日～11月30日	69	長崎	1937（S12）10
687	渡邉恒雄	読売新聞主筆	2006（H18）	12月1日～12月31日	80	東京	1926（T15）5・30
689	井上礼之	ダイキン工業会長	2007（H19）	2月1日～2月28日	72	京都	1935（S10）3・17
691	鈴木敏文	セブン&アイＨＤ会長	2007（H19）	4月1日～4月30日	75	長野	1932（S7）12・1

693	吉田庄一郎	ニコン相談役	2007(H19)	6月1日～6月30日	74	東京	1932(S7)8・25
698	田淵節也	野村証券元会長	2007(H19)	11月1日～11月30日	84	韓国	1923(T12)10・25
702	潮田健次郎	住生活グループ前会長	2008(H20)	3月1日～3月31日	81	東京	1926(T15)6・4
707	成田　豊	電通最高顧問	2008(H20)	8月1日～8月31日	78	韓国	1929(S4)9・9
710	松田昌士	JR東日本相談役	2008(H20)	11月1日～11月30日	72	北海道	1936(S11)1
713	鳥羽博道	ドトールコーヒー名誉会長	2009(H21)	2月1日～2月28日	72	埼玉	1937(S12)
715	近藤道生	博報堂最高顧問	2009(H21)	4月1日～4月30日	89	神奈川	1920(T9)2・2
720	槇原　稔	三菱商事相談役	2009(H21)	9月1日～9月30日	79	イギリス	1930(S5)1・12
721	安居祥策	日本政策金融公庫総裁	2009(H21)	10月1日～10月31日	74	京都	1935(S10)1
726	高原慶一朗	ユニチャーム会長	2010(H22)	3月1日～3月31日	79	愛媛	1931(S6)3・16
729	野田順弘	オービック会長兼社長	2010(H22)	6月1日～6月30日	71	奈良	1938(S13)8・24
733	大倉敬一	月桂冠相談役	2010(H22)	10月1日～10月31日	83	京都	1937(S2)3・25
734	西岡　喬	三菱重工業相談役	2010(H22)	11月1日～11月30日	74	東京	1936(S11)5
736	生田正治	商船三井最高顧問	2011(H23)	1月1日～1月31日	76	兵庫	1935(S10)1・19

※元号の略字は、Gは元治、Mは明治、Tは大正、Sは昭和、Hは平成を表す。

エピローグ

日本経済新聞の「私の履歴書」に関する膨大なデータを「いつかは本にしたい」という私の夢が叶うことになりました。

石坂泰三元経団連会長が、「自分のやりたいことを周りに公言しておくと、退路を断つことになり、望みは前進する」と書いているのを読み、私も仕事でも人生でもこれを真似てきました。ここまで出版するのにいろいろ曲折はありましたが、多くの先輩や友人・知人の応援で、ようやく本の形にまとめることができ喜んでいます。２年前に現役を退いたのち、気力が残っているうちにこの「私の履歴書」の資料を整理しておこうと思っていたのです。そしてこの原稿を書いていると、登場するリーダーの「履歴書」を引用しているうちに、いつしか「自分の履歴書」を書いているのに気づき、苦笑したものでした。

この「私の履歴書」には、それぞれの分野の優れた人たちの人生の縮図が書かれています。これを読むと、他人の人生であっても、自分が疑似体験したのと同じ感じになり、人生を広く深く感じることができます。私にとっては、ここからたくさんのヒントやメリットを得ることができましたので、若いビジネスパーソンに伝えておきたいと思ったのです。

この本では「仕事」「経営」「人生」のヒントについてまとめましたが、紙幅の関係で割愛したものが2つあります。一つは「伝えておきたい価値ある証言」であり、もう一つは「取材の苦労話」の裏面史でした。


伝えておきたい価値ある証言は、歴史の大きな転換点に立ち会い、経験者でないと語れない事実や情況、それらを執筆者が回想し、そのときの情況を再現してくれる貴重な証言です。たとえば、「特攻隊」でその出撃前夜に「あめあめふれふれ母さんが……」など童謡を何回も唄いながら母を偲ぶ胸打つ隊員の過ごし方を長岡實（元東証理事長）が、また出撃命令が下った後の隊員が出撃前までに思い出の品を身辺整理する行動を鈴木英夫（兼松名誉顧問）が、そして、戦闘機に乗り込み、敵艦めがけて突入し被弾した生々しい状況を長谷川薫（レンゴー社長）らが語ってくれています。

また、戦後のGHQ命令で実行された2大改革（農地改革と財閥解体）のうち、日本の産業界に大きな影響を与えた財閥解体の調停に直接携わった野田岩次郎（ホテルオークラ会長）の舞台裏証言、国際化の分岐点となる日本製鐵（八幡・富士）の分割と新日鐵誕生を斎藤英四郎（新日鐵会長）、永野重雄（富士製鉄社長）らの証言、金融恐慌となる山一證券救済のための舞台裏を金融界、官界、政界、証券界からも証言してくれています。そして、日本経済が発展するにつれて国際舞台での役割も大きくなり、国際通貨危機に際しては、その危機回避交渉に柏木雄介（東京銀行会長）、行天豊雄（国際通貨研究所理事長）らが、各国と合意するまでの舞台裏を生々しく証言してくれています。これらはダイジェスト版でも知っておいていただきたい内容です。

もう一つの「取材の苦労話」は、この「私の履歴書」を楽しんで読んでいるうちに、取材記者の裏話を知りたくなりました。

そこで実際に、元日本経済新聞社記者の勝又美智雄氏（現：国際教養大学教授）にお会いして、フルブライト、ジャック・ウェルチ、ルイス・ガースナーなど外国人「履歴書」を日本語で30回にまとめたご苦労もお聴きしました。

それによると、経済人の場合は、担当記者が面談で長時間密着取材した後、執筆補完や面談以外に、その会社の秘書室、広報部など関係部署に資料などの整理・提出の協力をしてもらいます。記者はその膨大な資料を読み、関係者に質問を繰り返して事実確認を行ない、その経済人の実像に迫るというものでした。

しかし、勝又氏の場合は、英語独特の表現をわかりやすい日本語に直して書く必要がありましたから、その苦心が余分にありました。

そして登場人物の「履歴書」をひと月30回にまとめ、読者にわかりやすく品格のある文章に仕上げるのですから、担当記者の力量を賞賛するとともに、そのご苦労を思わずにはいられません。一般に記者は、自分の書く記事の10倍は資料を集め、その内容を昇華させた後、記事に仕上げるといわれますから、惜しまれながらも「履歴書」に掲載されない資料も山ほど残ります。それらの資料が、この「履歴書」の掲載後、登場人物の単行本として陽の目を見るのは当然だと思われます。

そして同時に、新日鐵の斎藤英四郎会長の秘書だった関澤秀哲氏（前代表取締役副社長）や他企業の広報担当部長にもお会いして、30回のコラムが完成するまでの裏方の仕事も聴くことができました。

登場する経済人は業界のリーダーでもあり、業界や関係団体の代表も数多く兼務しているため、執筆の時間がとれず、大部分は担当記者が原稿をまとめることになります。その場合は、聴き取ったテープ内容を担当のベテラン記者が30回程度にまとめ、ご本人に直接チェックしてもらい原稿を完成させるのだから、問題はあまり起こりません。

ところが中には、執筆する経営者本人も文章を書くのが得意な場合があり、自分が伝えたいこと、印象に残ったこと、この場を借りて昔のお礼を述べたいことなどをどんどん気のつくままに書き加えていきます。この書き流しの膨大な原稿や資料を社長秘書や広報部長が、整理し一定の分量にまとめ、ご本人の了解を得て担当記者に手渡すことになります。

この背景から、秘書等は主に、①記者との仲介、②原稿の受け取りや取りまとめ、③残った貴重な資料を活かす仕事などがあったといいます。

これらの「私の履歴書」にまつわる記者や秘書等の裏話、登場する経済人のエピソードを聴くことで、この「履歴書」の内容のイメージを膨らませることができ、真意も摑むことができました。ここに、お世話になった方がたにお礼申し上げます。

そして、「伝えておきたい価値ある証言」や「取材の苦労話」は後日、改めて稿を起こし、そのご厚意に報いたいと思っています。

また、第四章の「私の履歴書」分類は、今回の本に私がどうしても記録に残しておきたいと思ったデータでした。この昭和31年（１９５６）からの55年間のデータを、都道府県別・出生地一覧表／旧制高校出身者一覧／最終学歴一覧／入社・入省一覧／業種別一覧表／執筆者が多い企業／人名索引回数一覧／重複する恩師・恩人／生誕年一覧／分野別分類／執筆者の縁戚関係一覧に誰かがまとめておけば、次に興味をもつ人が現れた場合、このデータから出発することができます。この人たちのお役に立てれば、私の望外の喜びになります。

また、読者のみなさんが、違った分類の仕方や提言などがありましたら、ご提案、ご指導をいただけるとうれしく存じます。

最後になりましたが、この本を出版するにあたっていろいろな方にお世話になりました。プロローグでも書きましたように、先輩や友人・知人の温かい応援、そして最後まで執筆を勇気づけてくださった日本ケミファの山口一城社長、中経出版の菊池正英相談役、そして編集を手伝ってくださった髙関進氏、これらの人たちの強い後押しがなければ、この本の出版はできませんでした。ここに、これらの方々に心からお礼を申し上げ、感謝いたします。

平成23年11月

吉田勝昭

日本経済新聞「私の履歴書」関係資料

『私の履歴書・経済人』38巻　日本経済新聞社
『経済人・別巻』（昭和56年）日本経済新聞社
『経済人・別巻』（平成16年）日本経済新聞社
『私の履歴書・文化人』20巻　日本経済新聞社
『文化人・別巻』（昭和59年）日本経済新聞社
『日経「私の履歴書」名言録』文藝春秋、田村祥蔵
『外人登場人物の「内幕」』EPICworld、勝又美智雄　フルブライト、ウェルチ、ガースナー
『女流作家』日経ビジネス人文庫　円地文子、瀬戸内寂聴、佐藤愛子、田辺聖子
『日本画の巨匠』日経ビジネス人文庫　上村松篁、東山魁夷、加山又造、平山郁夫
『第三の新人』日経ビジネス人文庫　安岡章太郎、阿川弘之、庄野潤三、遠藤周作
『最強の横綱』日経ビジネス人文庫　時津風定次、双子山勝治、大鵬幸喜
『女優の運命』日経ビジネス人文庫　東山千栄子、水谷八重子、杉村春子、田中絹代、ミヤコ蝶々
『孤高の画人』日経ビジネス人文庫　熊谷守一、中川一成、東郷青児、棟方志功

『中間小説の黄金時代』日経ビジネス人文庫　井伏鱒二、舟橋聖一、井上靖、水上勉
『知の越境者』日経ビジネス人文庫　白川静、中村元、梅棹忠夫、梅原猛
『科学の求道者』日経ビジネス人文庫　今西錦司、福井謙一、河合雅雄、西澤潤一、小柴昌俊
『反骨の言論人』日経ビジネス人文庫　長谷川如是閑、石橋湛山、小汀利得、小林勇
『芸術家の独創』日経ビジネス人文庫　田河水泡、岩田専太郎、土門拳、横尾忠則
『保守政権の担い手』日経ビジネス人文庫　岸信介、河野一郎、福田赳夫、後藤田正晴、田中角栄、中曽根康弘
『プロ野球伝説の名将』日経ビジネス人文庫　鶴岡一人、川上哲治、西本幸雄、稲尾和久
『日本人にとってキャリアとは』日本経済新聞社　浜口恵俊
『テキストマイニング入門』白桃書房、喜田昌樹
『秘史――日本経済を動かした実力者たち』講談社、中川　順
『私の履歴書・名語録』三笠書房、石田修大
『自伝の書き方』白水社、石田修大
『無から始めた男たち』日本経済新聞社
『経済人の名言』（上・下）日本経済新聞社、堺屋太一監修
『20世紀・日本の経済人』（上・下）日本経済新聞社
『静かなタフネス10人の人生』文藝春秋、城山三郎

『戦後政治家の文章』第三文明社、松本健一　田中角栄、中曽根康弘、池田勇人、大平正芳等
『男の生き方　40選』（上・下）文藝春秋、城山三郎・編　日経「履歴書」執筆者を多数掲載
『「利益力世界一」をつくったM&A』日本経済新聞社、金児　昭
『人間　この未知なるもの』日本CI協会、アレキシス・カレル（桜沢如一訳）
『明るさを求めて暗さを見ず』商事法務研究会、斎藤英四郎
『へんこつ　なんこつ』日本経済新聞社、佐治敬三
『いつも乱戦』日本経済新聞社、安居祥策
『権力の驕りに抗して』日経ビジネス人文庫、J・W・フルブライト（勝又美智雄訳）
『日本人に学び、日本に挑む』日経ビジネス人文庫、ロバート・ガルビン（野村裕知訳）
『首都直下地震〝震度7〟』PHP文庫、柘植久慶
『関東大震災』文春文庫、吉村　昭
『わが経営』（上・下）日本経済新聞社、ジャック・ウェルチ（宮本喜一訳）
『巨象も踊る』日本経済新聞出版社、ルイス・ガースナー（山岡洋一・高遠裕子訳）
『社長になる人に知っておいてほしいこと』PHP総合研究所、松下幸之助（述）
「私の履歴書」切抜き、日本経済新聞　昭和62年3月以降の全て
「私の履歴書」縮刷版コピー、日本経済新聞　昭和31年3月から前掲本に掲載されていないもの
「日経50周年シンポジウム」日本経済新聞　2006年11月23日特集

著者略歴

吉田　勝昭（よしだ・まさあき）

1942（昭和17）年　香川県生まれ。

1966年、関西学院大学法学部卒業後、日本ケミファ（株）入社。営業、総務、人事、経営企画部門等を経験し、1995年取締役に就任。常務取締役、取締役専務執行役員を歴任。（社団）中小企業診断協会本部・理事。

現在（公財）日本ユースリーダー協会・常務理事、（一社）ホスピタリティ機構・理事、NPO法人シニア大楽講師、（公財）天風会会員、中小企業診断士。

ビジネスは「私《わたし》の履歴書《りれきしょ》」が教《おし》えてくれた
「日経《にっけい》」連載《れんさい》の経済人《けいざいじん》295人《にん》を中心《ちゅうしん》に

2012年 3月10日　初版発行
2012年 4月20日　再版発行
2012年12月15日　三版発行

著　者　吉田勝昭
制作・販売　中央公論事業出版
〒104-0031　東京都中央区京橋2-8-7
電話　03-3535-1321
URL　http://www.chukoji.co.jp/

印刷・製本／藤原印刷　装丁／篠原次郎

ISBN978-4-89514-384-4 C0034